Ludwig Gschwind

PERLEN
für Maria

Die Kraft des Rosenkranzes

Ludwig Gschwind

PERLEN
für Maria

Die Kraft des Rosenkranzes

SANKT
ULRICH
VERLAG
GmbH

Bibliographische Information der Deutschen Bibliothek

Die Deutsche Bibliothek verzeichnet diese Publikation in
der Deutschen Nationalbibliographie; detaillierte
bibliographische Daten sind im Internet über
http://dnb.ddb.de abrufbar.

© 2008 by Sankt Ulrich Verlag GmbH, Augsburg
Alle Rechte vorbehalten
Umschlagbild: Kreis von García de Bouzas:
Unsere Frau vom Rosenkranz, Spanien, 18. Jahrhundert,
Museum der Kirche San Paio, Santiago de Compostela,
Spanien
Umschlaggestaltung: uv media werbeagentur
Mediengruppe Sankt Ulrich Verlag, Augsburg
Druck und Bindung:
Freiburger Graphische Betriebe GmbH & Co. KG, Freiburg
Printed in Germany
ISBN: 978-3-86744-063-9
www.sankt-ulrich-verlag.de

Inhalt

Haben Sie auch ein Handy?
Ein Handy für den Himmel — 9

Einfach und gut
Der Rosenkranz — 13

Mountainbike der Frömmigkeit
Was der Rosenkranz bewirkt — 17

Der Vater mit dem Rosenkranz
Albrecht Dürer malt seinen Vater — 21

In seinem Reich ging die
Sonne nicht unter
Kaiser Karl V. als Beter — 25

Ein Leben für die Jugend
*Pater Jakob Rem und die
Marianische Kongregation* — 29

Den Rosenkranz in Händen
Tilly starb 1632 bei Rain am Lech — 33

Vater der Barmherzigen Schwestern
Der hl. Vinzenz von Paul — 37

Das Brevier des Musikers
Christoph Willibald Gluck — 41

Im Rosenkranz fand sie Gelassenheit
Kaiserin Maria Theresia   45

Der versprochene Rosenkranz
Wolfgang Amadeus Mozart   49

Beim Beten kommen die Ideen
Joseph Haydn   53

Der Physiker mit dem Rosenkranz
André-Marie Ampère   57

Romanzen vom Rosenkranz
Ein Versepos des Dichters
Clemens Brentano   61

Er weigerte sich, das Kreuz zu schänden
Das Schicksal des Théophane Vénard   64

Als die Dame erschien
Bernadette und der Rosenkranz
an der Grotte von Massabielle   68

Bete den Rosenkranz!
Eine Empfehlung Kardinal Newmans   72

Der Gegenspieler Bismarcks
Ludwig Windthorst   75

Ein Mann des Ausgleichs
Papst Leo XIII. empfahl den Rosenkranz   79

Der Rosenkranz war seine Rettung *Bartolo Longos Weg aus einer Lebenskrise*	83
Mit dem Rosenkranz in der Hand *Der selige Zigeuner* *Zefirino Jiménez Malla*	87
Der Rosenkranz begleitete ihn ein Leben lang *Pater Maximilian Kolbe*	91
Ein Erzengel in der Hölle *Das ungewöhnliche Leben* *des Abbé Stock*	96
Opfer der Atombome *Der Arzt Dr. Thakashi Nagai* *aus Nagasaki*	100
Der Dichter mit dem Rosenkranz *Reinhold Schneider als Beter*	104
Ein Papst voller Überraschungen *Papst Johannes XXIII.*	108
Der Glaube gab Halt und Zuversicht *Österreichs Bundeskanzler Julius Raab*	112
Der Rosenkranz ist unser guter, unser bester Freund *Pater Joseph Kentenich –* *eine prophetische Gestalt*	115

Trost durch den Rosenkranz
Romano Guardini und
seine Erfahrungen — 119

Ein lesenswerter Brief
Patriarch Albino Luciani verteidigt
den Rosenkranz — 123

Ein Glaubenszeuge
Bischof Boleslaus Sloskans — 126

Als Österreich wieder frei wurde
Pater Petrus Pavlicek und
die Macht des Gebetes — 129

Der Rosenkranz hat mir geholfen
Das Bekenntnis von Rose Kennedy — 133

Der Rosenkranz aus Lettland
Kardinal Franz König über
den Rosenkranz — 136

Der Rosenkranz war sein Lieblingsgebet
Papst Johannes Paul II. — 140

Haben Sie auch ein Handy?

Ein Handy für den Himmel

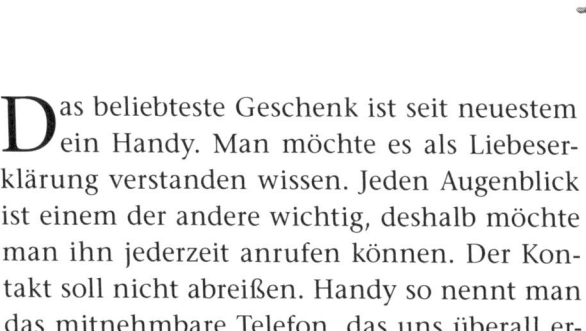

Das beliebteste Geschenk ist seit neuestem ein Handy. Man möchte es als Liebeserklärung verstanden wissen. Jeden Augenblick ist einem der andere wichtig, deshalb möchte man ihn jederzeit anrufen können. Der Kontakt soll nicht abreißen. Handy so nennt man das mitnehmbare Telefon, das uns überall erreichbar macht.

Handy hört sich an wie ein Kosewort. Natürlich muß es sich englisch anhören und wird „händi" ausgesprochen. Ohne Englisch kann man weder ein Flugzeug führen noch mit dem Computer umgehen. Englisch ist die Weltsprache, mit der man sich gerade auf dem Gebiet der Technik überall verständlich machen kann. Wer modern, wer fortschrittlich ist, der braucht ein Handy. Wer wichtig, wer einflußreich ist, wer erfolgreich sein will, der braucht ein Handy. Wer mit jeder Minute rechnen muß, der kann auf ein Handy nicht verzichten. Was so ein kleiner Apparat dank moderner Technik nicht alles fertigbringt.

Man ist weltweit vernetzt. Ein Wunderwerk der Technik!

Natürlich muß man mit einem Handy umgehen können. Man muß die richtige Nummer wählen, um den anderen auch zu erreichen. Man muß den Apparat auf Empfang stellen, damit Anrufer nicht mit einem Belegtzeichen vertröstet werden. Seit das Handy erfunden ist, tritt es seinen Siegeszug durch die Welt an. Die Manager haben es zuerst entdeckt, aber inzwischen gehört es zum Alltag. Natürlich gibt es auch ein paar kritische Anmerkungen. Das Handy sei ungesund. Es sei krebserregend. Es fördere Tumore. Es habe Schlafstörungen zur Folge. Im Straßenverkehr sei es lebensgefährlich. Flugzeuge bringe es zum Absturz. Die Verteidiger werden anführen, daß alles, was unvernünftig gebraucht werde, schaden könne, außerdem seien viele Behauptungen wissenschaftlich überhaupt nicht bewiesen. Wer sich für das Handy entschieden hat, der wird nicht darauf verzichten wollen.

So geht es auch denen, die ein religiöses Handy haben. Sie werden fragen: Was ist denn das? Dabei gibt es dieses Handy schon jahrhundertelang. Millionen gebrauchen es. Millionen können es aus ihrem Leben nicht mehr wegdenken. Das religiöse Handy besteht nicht aus einem Apparat mit Druckknöpfen, das religiöse Handy ist eine Schnur mit Perlen. Man nennt dieses Handy: Rosenkranz. Wer den Rosenkranz in die Hand nimmt und ihn zu beten beginnt, der tritt in Kontakt mit Gott. Maria übernimmt die Vermittlung. Alles läßt sich in den Rosenkranz hineinnehmen: Freud und Leid. Wieviele haben in schweren Tagen den Trost des Rosenkranzes erfahren dürfen: bei einem Sterbefall in der Familie, nach der Mitteilung einer schweren Krankheit. Damit muß man fertigwerden. Das muß mit jemand besprochen werden. Wo aber kann man mehr Trost und mehr Hilfe erfahren als bei dem, der unser Los in seinen Händen hält? Wo fühlt man sich stärker an der Hand genommen, als wenn man mit der Mutter des Herrn den Weg Jesu mitgeht?

Das religiöse Handy, den Rosenkranz, kann man immer und überall zur Hand nehmen. Mit ihm ist man gleichfalls weltweit vernetzt, denn man kann alle Anliegen in den Rosenkranz hineinnehmen: die Kirche in China und die verfolgten Menschen im Sudan, den Sohn, der seinen Glauben verloren hat, und die Tochter, die kein weiteres Kind will. Das religiöse Handy, der Rosenkranz eignet sich bei Schlafstörungen und nervösen Leiden. Der Rosenkranz hat beste Wirkungen auf die Gesundheit, aber nicht nur das, er kann sogar die Herzen zum Guten hin bewegen, das eigene Herz und das anderer.

Natürlich gibt es auch Einwände gegen ihn. Sie werden vor allem von Leuten erhoben, die ihn noch nie oder ganz selten benutzt haben. Sie nennen den Rosenkranz langweilig und eintönig. Sie halten den Rosenkranz für eine überholte Gebetsform. Sie werden nur schwer vom Gegenteil zu überzeugen sein, denn den Nutzen des Rosenkranzes kann nur der erfahren, der ihn benutzt. Es gibt selbstverständlich viele Möglichkeiten des Gebetes, aber wer die Vorteile eines Handys zu schätzen weiß, der sollte das religiöse Handy entdecken, denn es wirkt all dem entgegen, was das normale Handy an Gefahren mit sich bringt. Vielleicht sollten die Pfarreien Einführungskurse anbieten.

Einfach und gut

Der Rosenkranz

Romano Guardini, der große Denker, hat einmal gesagt: „Je länger man lebt, desto deutlicher sieht man, daß die einfachen Dinge die wahrhaft großen sind." Trifft dies nicht auch auf den Rosenkranz zu, dem Guardini eine seiner zahlreichen Schriften gewidmet hat?

Der Rosenkranz war von jeher das Gebet der einfachen Leute. Franz Werfel nennt es im „Lied der Bernadette" das Gebet der arbeitenden Hände, die selbst beim Ruhen nicht stillstehen können. Es war das Gebet der armen Bauersleute, der schlichten Handwerker, und es war das Gebet von Menschen, die immer einfach in ihrem Herzen geblieben sind, obwohl sie es in ihrem Leben zu Rang und Ansehen, zu Amt und Würden gebracht haben: der Entdecker Louis Pasteur, der Politiker Ludwig Windthorst, der Papst Johannes XXIII. Manche meinen zwar, auf den Rosenkranz das Wort Jesu anwenden zu müssen: „Wenn ihr betet, dann plappert nicht wie die Heiden" (Mt 6,7), aber Jesus hat auch ein anderes Wort gesagt, man solle mit dem Beten nicht nachlassen (Lk 18,1).

Der Rosenkranz ist schon deshalb kein Geplapper, weil er eine Wiederholung von Gebeten ist, die uns Jesus gelehrt hat und die uns die Heilige Schrift in den Mund legt. Das Vaterunser und das „Gegrüßet seist du, Maria". Der Rosenkranz ist ein meditatives Gebet und die einzelnen Geheimnisse nehmen uns mit auf den Heilsweg Jesu, angefangen von der Verkündigung bis hin zur Himmelfahrt, ja noch weiter: bis hinein in den Himmel, denn was Gott an Maria tut, das hat er uns allen verheißen.

Der Rosenkranz ist kein schweres Gebet, deshalb können ihn bereits Kinder mitbeten. Der Rosenkranz ist aber ein wichtiges Gebet, weil er die Grundwahrheiten des Glaubens enthält. Der Rosenkranz ist auch eine Hilfe zum guten Beten, denn gutes Beten heißt nicht nur bitten, es heißt auch danken und Gott preisen. Dies alles ist im Rosenkranz enthalten.

Der Rosenkranz war und ist für die Menschen in der Verfolgung der stärkste Halt. Die katholischen Christen in Rußland haben mit dem Rosenkranz in der Hand 70 Jahre Verfolgung durchgehalten und ihren Glauben bewahrt. Die katholischen Christen in China klammern sich an den Rosenkranz. Wieviel Not, wieviel Schrecken haben sie durchlitten, Anfechtungen aller Art, aber sie haben den Glauben nicht verloren. In den Konzentrationslagern und in der Kriegsgefangenschaft half der Rosenkranz gläubigen Menschen ihr schweres Los zu tragen. Sie haben an ihren zehn Fingern die Gesätzchen abgezählt, aber es gibt auch eindrucksvolle Rosenkränze, die aus Brot, dem lebensnotwendigen Brot, gefertigt wurden. Kostbarer als Brot war für diese Menschen der Glaube. Er allein ließ sie das Schreckliche ertragen.

Auf manchen Bildern können wir sehen, wie die Muttergottes dem heiligen Dominikus den Rosenkranz reicht. Es waren die Dominikaner, die das Rosenkranzgebet und seine Bedeutung entdeckt und weitervermittelt haben. Der „Erfinder", wenn man so sagen will, war ein junger Student aus dem Norden Deutschlands namens Adolf von Essen († 1439). Er befand sich in einer tiefen seelischen Krise. Er war dabei, jeden religiösen Halt zu verlieren. Alles, was er sah, was er erlebte, war nicht dazu angetan, ihn im Glauben zu stärken. Die Kirche bot ein Bild sich bekämpfender Gruppen. Man versuchte sich nicht einmal mehr am obersten Hirten der Kirche zu orientieren, denn wer wollte entscheiden, welcher der beiden Päpste nun rechtmäßig sei. In dieser tiefen Depression suchte er Zuflucht bei Maria, der Mutter der Kirche. Immer wieder betete er das „Gegrüßet seist du, Maria". 50mal wiederholte er es und dies tagtäglich. Er ging an der Seite Marias im Geiste ihren Weg mit. Er ging mit von Nazareth bis nach Jerusalem. Er ging mit von der Verkündigung bis unter das Kreuz. Er spürte, wie ihn dieses Gebet aufrichtete, wie es ihn herausführte aus seinen Zweifeln, wie es ihm Kraft und Zuversicht gab.

Im Lauf der Zeit bekam das Gebet seine Form, die uns heute geläufig ist. Unzählige Menschen haben es gebetet. Unzählige Menschen wurden durch dieses Gebet in körperlicher und seelischer Not aufgerichtet. Das Beispiel Adolf von Essens zeigt, daß der Rosenkranz gerade auch für junge Menschen in ihren Krisen und Schwierigkeiten, in ihren Glaubenszweifeln und Existenzsorgen eine wirkliche Hilfe wäre. Der Rosenkranz gehört nicht in die Schublade und auf Antiquitätenmessen, der Rosenkranz gehört in unsere Hände, die sich zum Gebet falten.

Mountainbike der Frömmigkeit

Was der Rosenkranz bewirkt

Es ist bekannt, daß manche Christen nicht viel vom Rosenkranzgebet halten. Das ist auch gar nicht verwunderlich in heutiger Zeit, denn man möchte nicht längere Zeit bei etwas verweilen. Man behauptet, das Gebet sei langweilig und man könne nichts damit anfangen. Das hängt vielleicht damit zusammen, daß solche Christen sich noch nie auf das Rosenkranzgebet eingelassen haben, denn wer ihn wirklich kennengelernt hat, der wird erfahren, welche Kraft von diesem Gebet ausgeht.

Es ist ein Gebet, das in schweren Stunden tröstet. Wenn man mit Maria den Weg des Leidens und Sterbens Jesu mitgeht, dann spürt man, wie die Mutter des Herrn auch unseren **Weg begleitet**, unsere Tränen abwischt, unseren Schmerz ernst nimmt. Jeder Sterberosenkranz wird zum Trost für die Angehörigen, und er wird zum Segen für den Verstorbenen. Das ist die andere Seite des Rosenkranzgebetes.

Von ihm geht eine heilende Kraft aus. Wir unterschätzen gerne die Macht des Gebetes. Zwar kann man dann und wann von Untersuchungen lesen, die nachweisen, daß Menschen, für die gebetet wird, größere Chancen haben, gesund zu werden. Wir lesen das. Wir nehmen es zur Kenntnis, aber wir setzen es zu wenig in die Tat um. Daß Beten hilft, ist eigentlich nichts Neues. Jesus hat es ja verheißen: „Alles, was ihr den Vater in meinem Namen bitten werdet, wird er euch geben" (Joh 15,16) oder an anderer Stelle: „Wer bittet, empfängt, wer sucht, der findet, wer anklopft, dem wird aufgetan" (Mt 7,8).

Der langjährige Bischof von Innsbruck, Reinhold Stecher, hat einmal von seinen Erfahrungen mit dem Rosenkranz berichtet. Er erzählt, wie er als Bub und als Jugendlicher Schwierigkeiten mit dem Rosenkranzbeten hatte, weil ihm alles zu langsam ging und er gerne schon wieder etwas Neues unternommen hätte. Allerdings sei es eine gute Schule gewesen, zu lernen, bei etwas zu verweilen, auch etwas zu tun, bei dem die Unlust überwunden werden mußte. In späteren Jahren sei er dankbar dafür gewesen, den Rosenkranz beten zu können. Im Krieg, wenn er Posten stehen mußte, da betete er den Rosenkranz. Auf endlosen Märschen, da half ihm der Rosenkranz die Strapazen zu meistern. Als man ihn verhaftete und er im Gefängnis war, da half ihm der Rosenkranz sein Schicksal anzunehmen und in die Hände Gottes zu legen. In dieser schweren Zeit entdeckte er die Macht des Gebetes. Er spürte den Trost, der ihm geschenkt wurde. Bei seiner Berufsfindung und seinem Ja zu seiner Berufung zum Priestertum habe er oft und oft zum Rosenkranz gegriffen, um dann mit Maria ja zu sagen. Als Seelsorger wurde er häufig um Rat angegangen. Im Rosenkranz bedachte er die Situation, betrachtete sie mit den Augen Marias und fragte nach dem Willen Gottes. Als Bischof stand er mehr als einmal vor schwierigen Entscheidungen. Er empfand in solchen Stunden den Rosenkranz wie ein festes Seilgeländer, das einem beim Überqueren eines Gletschers Halt gibt und vor dem Absturz bewahrt. Bischof Stecher hat für den Rosenkranz zwei Bilder. Er sagt, der Rosenkranz mit seinen 59 Perlen ist wie ein Kugellager, auf denen das unruhige Herz sanft dem ewigen Erbarmen zurollt. Und das zweite: der Rosenkranz ist so etwas wie ein Mountainbike der Frömmigkeit. Man muß geduldig treten, aber er bringt nach oben.

Daß dem wirklich so ist, dafür gäbe es unzählige Beispiele aus allen Jahrhunderten, seit der Rosenkranz gebetet wird. Ich möchte nur zwei Künstler nennen, die den Rosenkranz zu ihrem täglichen Begleiter gemacht haben. Der eine war Michelangelo Buonarotti. Sein gewaltigstes malerisches Werk ist die Sixtinische Kapelle mit dem Jüngsten Gericht. In dieses Bild hat er auch den Rosenkranz hineingemalt, um zu zeigen: Wenn du in den Himmel kommen willst, dann ist dir der Rosenkranz eine Hilfe auf dem Weg zu Gott. Michelangelo hat neben vielen großartigen Marmorplastiken auch die Pieta geschaffen, das Bild der Muttergottes mit dem toten Heiland. Es ist eine der ergreifendsten Darstellungen der Schmerzensmutter. Eine solche Darstellung kann nur einem Künstler gelingen, der im betrachtenden Gebet zu einer inneren Schau gekommen ist. Ein anderer Rosenkranzbeter ist Jorge Valls. Der 1933 geborene Kubaner hat sich einen Namen als Lyriker, Dramatiker und Essayist gemacht. Unter dem Diktator Batista ging er ins Ausland und kehrte nach dem Sieg Fidel Castros nach Kuba zurück. 1964 wurde er zu 20 Jahren Kerker verurteilt. 1984 kam er frei. In einem Interview sagte er im Rückblick auf seine Leidenszeit: „Ohne den Beistand Gottes und der Jungfrau Maria hätte ich nicht überlebt. Im Kerker hatte ich keine Woche Frieden. Sie peinigten uns fortwährend. Besonders der Rosenkranz half mir die Schrecken zu ertragen und zu hoffen, ich würde es überleben."

Der Vater mit dem Rosenkranz

Albrecht Dürer malt seinen Vater

Die „betenden Hände" von Albrecht Dürer kennt jeder. Es sind die betenden Hände seiner Mutter. Der große Künstler hat sie verewigt. Das Gebet der Mutter hat ihn begleitet, solange sie lebte. Kaum bekannt ist ein anderes Bild des Malerfürsten: das Bild seines Vaters mit dem Rosenkranz.

Der 19jährige Sohn malte es 1490. Es zeigt den Vater, einen angesehenen Goldschmied, in schlichter Kleidung. In der Hand hat Meister Dürer einen Rosenkranz. Der Dichter Franz Werfel hat den Rosenkranz ja einmal sehr zutreffend „das Gebet der arbeitenden Hände" genannt. Hände, die es gewohnt sind, ständig tätig zu sein, können selbst beim Beten nicht ruhen. Die Goldschmiedekunst hatte im 15. Jahrhundert in Nürnberg und Augsburg eine große Fertigkeit erreicht. Wunderbare Werke sind damals entstanden. Fürsten, aber mehr noch die Kirche waren die Auftraggeber. Es entstanden Kelche und Monstranzen von einzigartiger Schönheit, daneben wertvolle Reliquiare, Hirtenstäbe für Bischöfe und Äbte, kostbare Brustkreuze und Bischofsringe. Nun wäre es ja nahegelegen, den Vater in seiner Werkstatt zu malen, vielleicht mit einem Gegenstand, an dem er gerade arbeitete oder den er soeben fertiggestellt hatte. Sohn Albrecht malt den Vater als Beter.

Das Gebet war im Hause Dürer keine Nebensächlichkeit. Vater und Mutter lebten ihren zahlreichen Kindern den Glauben vor. 18 Kindern hat Barbara Dürer das Leben geschenkt. Sie mußte einteilen. Die reichen Auftraggeber waren oft säumige Zahler. Der Vater Dürers, der gleichfalls Albrecht hieß, erkannte früh das Talent seines Sohnes, der zunächst das Goldschmiedehandwerk im väterlichen Betrieb erlernte. Er schickte Albrecht zu dem bedeutenden Nürnberger Maler Michael Wohlgemut, aber schon bald begab er sich auf die Reise nach Italien. Das Gemälde, das kurz vor der Abreise entstanden ist, zeigt die Kunstfertigkeit des jungen Malers.

Der betende Vater richtet seinen Blick nicht auf den Betrachter des Bildes, sondern er ist ganz auf einen Blickpunkt gerichtet. Es könnte ein Kreuz oder eine Mariendarstellung sein. Die Mütze, die er trägt, läßt darauf schließen, daß er sich nicht in einer Kirche aufhält, sondern im

Haus. Zur damaligen Zeit hat man in der kalten Jahreszeit nicht alle Räume beheizt. Die Wohnstube wurde wohl nur sonntags erwärmt. Am Werktag genügten die Küche und die Werkstatt. Das schlichte Gewand deutet gleichfalls auf den Werktag hin. Wenn Dürer den Vater als Beter malt, dann doch deshalb, weil er ihm darin ein Vorbild war. Wir wissen, daß Albrecht Dürer tiefreligiös war. Es war für ihn auch selbstverständlich, die Mutter zwei Jahre nach dem Tod des Vaters, der 1503 gestorben war, in sein Haus aufzunehmen. Die Mutter war zu diesem Zeitpunkt völlig mittellos. Albrecht Dürer hatte es inzwischen zu Wohlstand und Ansehen gebracht. Bis zu ihrem Tod lebte sie bei ihrem berühmten Sohn.

Ein Jahr nach dem Tod des Vater, nämlich 1506, malte Dürer ein Gemälde mit dem Titel „Das Rosenkranzfest", bei dem Maria Kränze von Rosen, unterstützt vom Jesuskind und einem Dominikaner, wohl dem heiligen Dominikus selbst, sowie zahlreichen Engeln an fromme Beter austeilt. Kaiser und Papst nehmen kniend die Rosenkränze entgegen. Es handelt sich unverkenntbar um Kaiser Maximilian, den letzten Ritter, und Papst Julius II., den großen Förderer der Künste. Beide haben ein großes Gefolge, das gleichfalls Rosenkränze erhält. Es ist eine große Betergemeinschaft, wie die gefalteten Hände erkennen lassen. Zu dieser Betergemeinschaft zählen auch seine Eltern, die ihm ein Vorbild im Fleiß, aber auch in ihrem tiefen Glauben waren.

In seinem Reich ging die Sonne nicht unter

Kaiser Karl V. als Beter

Von Kaiser Karl V. ist der Ausspruch überliefert: „Wenn ich den Rosenkranz zu Ende gebetet habe, soll die Sache entschieden werden." Der Kaiser, in dessen Reich die Sonne nicht unterging, wußte um seine schwere Verantwortung, deshalb holte er sich nicht nur den Rat bei erfahrenenen Mitarbeitern, sondern brachte seine Anliegen und Sorgen auch vor Gott.

Der Sohn Philipp des Schönen und Johanna der Wahnsinnigen wurde am 24. Februar 1500 geboren und war bereits im Alter von sechs Jahren König von Kastilien und Leon. Damals starb sein Vater. Dieser Schicksalsschlag führte zur geistigen Umnachtung der Mutter. Karl wuchs deshalb bei seiner Tante Margarete am Hof in Brüssel auf. Die religiöse Erziehung des jungen Königs übernahm der gelehrte Adrian von Utrecht, der später als Papst Hadrian VI. die Reform der Kirche in Angriff nehmen wollte. Der Wahlspruch des jungen Königs lautete: „Plus ultra" – „Immer weiter". Tatsächlich hat er in seinem Leben viel erreicht. Er war der erste König von Spanien und schließlich deutscher Kaiser. In seinem gewaltigen Reich, das sich bis nach Amerika erstreckte, ging die Sonne nicht unter, aber es gingen auch die Sorgen nicht aus.

Als er 1519 in Frankfurt zum deutschen König gewählt und in Aachen durch den Kölner Erzbischof Hermann von Wied gekrönt wurde, war die Reformation Martin Luthers bereits in vollem Gang. 1517 hatte Luther in Wittenberg seine Thesen veröffentlicht, 1518 in Augsburg sich geweigert, sie zu widerrufen. Kaiser Karl V. versuchte auf dem Reichstag zu Worms Luther zum Einlenken zu bewegen. Dies gelang nicht. Daraufhin verhängte der Kaiser die Reichsacht. Sie scheiterte am Kurfürsten von Sachsen, der seine schützende Hand über dem Reformator hielt. Der Kaiser konnte die Angelegenheit nicht weiter verfolgen, da er inzwischen andere Sorgen hatte. Frankreich suchte die Schwäche des Kaisers auszunützen. Karl mußte in den Krieg ziehen. Inzwischen konnte sich die Reformation ungestört ausbreiten. Sie wurde von den Fürsten als willkommene Gelegenheit genutzt, sich am Kirchengut zu bereichern. In der Folgezeit stand die Reformation bei jedem Reichstag auf der Tagesordnung, aber ebenso die Gefahr, die dem Reich durch die immer weiter vorrükkenden Türken drohte.

1555 kam es zum Augsburger Religionsfrieden. Ein Jahr später dankte Kaiser Karl V. ab und zog sich in das spanische Kloster San Yuste zurück, um sich hier auf den Tod vorzubereiten. In seiner Abdankungserklärung heißt es: „Ich habe mich bemüht, der gesamten Christenheit Frieden und Eintracht zu erhalten und zu schaffen, und ihre Kräfte gegen die Türken zu wenden. Große Hoffnungen hatte ich – nur wenige haben sich erfüllt ... Was mich betrifft: Ich weiß, daß ich viele Fehler begangen habe, große Fehler, erst wegen meiner Jugend, dann wegen des menschlichen Irrens und wegen meiner Leidenschaften, und schließlich aus Müdigkeit. Aber bewußt habe ich niemandem Unrecht getan. Sollte dennoch Unrecht geschehen sein, bedaure ich dies und bitte um Verzeihung." Am 21. September 1558 starb er, erst 58 Jahre alt. Zunächst setzte man ihn im Kloster bei, später überführte ihn König Philipp II. nach Madrid.

Kaiser Karl V., der den Sacco di Roma 1527 nicht verhindern konnte, weil seine Landsknechte keinen Sold mehr erhalten hatten; der den Vormarsch der Türken nicht verhindern konnte, die 1529 vor Wien standen; der die

Ausbreitung der Reformation nicht aufhalten konnte, hatte seine Hoffnung auf das Konzil von Trient gesetzt, das 1545 begann und zu einer großen Kirchenreform und der katholischen Erneuerung führte. Viele Enttäuschungen hatte Karl V. erlebt, aber auch Bleibendes geleistet wie etwa die Constitutio Criminalis Carolina 1530. Sie ist das erste allgemeine deutsche Strafgesetzbuch. Seine menschliche Größe besteht auch darin, daß er als 56jähriger Abschied von der Macht nahm, um sich auf den Tod vorzubereiten. Es gibt viele Bilder, die Karl V. zeigen, aber keines mit dem Rosenkranz, der ihn stets begleitete.

Ein Leben für die Jugend

*Pater Jakob Rem und
die Marianische Kongregation*

Seit der Augsburger Fürstbischof Kardinal Otto Truchseß von Waldburg auf Anregung des Jesuiten Petrus Canisius die Universität Dillingen gegründet hatte, entwickelte sich die Ausbildungsstätte zu einem Zentrum der katholischen Erneuerung im 16. Jahrhundert. Studenten aus dem ganzen deutschsprachigen Raum und darüber hinaus bevölkerten die Hörsäle. Einer dieser Studenten war Jakob Rem (oder Rehm).

Seine frommen Eltern wollten ihren Sohn an eine Universität schicken, die ihm nicht nur Wissen, sondern auch charakterliche Bildung und Glaubensvertiefung vermitteln konnte. Dillingen, das von Jesuiten geleitet wurde, stand in diesem Ruf. Jakob Rem schloß nach zwei Jahren das Studium der Philosophie als Bester seines Kurses ab. In dieser Zeit wuchs sein Wunsch, Priester zu werden und in den Orden des Ignatius von Loyola einzutreten. Dessen Obere schickten ihn 1566 nach Rom.

Dort sollte er sich über seinen Berufsweg innerlich klar werden und die Studien fortsetzen. Hier begegnete er der Marianischen Kongregation, die der Jesuit Leunis ins Leben gerufen hatte. Die studentische Gemeinschaft wollte nach dem Vorbild Marias leben. Dazu gehören der regelmäßige Empfang der Sakramente, ein vertieftes Gebetsleben und Hilfe für Notleidende. Man traf sich jede Woche und sprach über religiöse Themen. Man pflegte die Verehrung Marias durch Andachten, besonders durch das Rosenkranzgebet. Jakob Rem war begeistert. Er nahm an den Versammlungen und Andachten teil. Er erlebte die religiöse Formung, die von der Marianischen Kongregation ausging.

Aus gesundheitlichen Gründen kehrte er nach zwei Jahren wieder nach Dillingen zurück. Mit dem Doktor der Philosophie schloß er seine Studien ab und wirkte in den folgenden Jahren als Erzieher in dem Internat, das Gymnasiasten und Studenten beherbergte. Hier gründete er die erste Marianische Kongregation auf deutschem Boden. Um die Verbindung mit der römischen Kongregation sichtbar zum Ausdruck zu bringen, wählte er das Marienbild „Salus populi Romani" aus Santa Maria Maggiore, bei dem sich auch die römischen Mitglieder versammelten. Dies war im Jahre 1574. Petrus Canisius rief drei Jahre später an der Universität

Ingolstadt eine Marianische Kongregation ins Leben. Als Pater Jakob Rem 1591 von Dillingen nach Ingolstadt versetzt wurde, um sich vor allem um die jungen Jesuiten zu kümmern, übernahm er auch die Leitung der Kongregation. Studenten aus allen Fachrichtungen und aus allen Ständen kamen zu den wöchentlichen Begegnungen. Besonders idealistisch gesonnene junge Leute sammelte der Jesuit seit 1595 im Colloquium Marianum. Jeden Samstag kam man zum Gebet zusammen und einem anschließenden Gedankenaustausch.

Am 6. April 1604 ereignete sich folgendes: Während der Andacht, als die Lauretanische Litanei gesungen wurde, schwebte der Pater völlig verklärt einen Meter über dem Boden. Bei der Anrufung „Du wunderbare Mutter" hörte der Schwebezustand auf. Pater Rem ging zum Vorsänger und bat ihn, die Anrufung noch ein zweites und drittes Mal zu wiederholen. Der Vorfall erregte allgemeine Aufmerksamkeit. Die Oberen baten Pater Rem um Aufklärung. Er berichtete von einer Vision der Muttergottes, die ihm gesagt habe, daß sie die Anrufung „Du wunderbare Mutter" am liebsten höre. Seitdem trägt das Marienbild in Ingolstadt den Titel „Dreimal wunderbare Mutter" (Mater Ter Admirabilis). Der bescheidene Ordensmann machte davon nicht viel Aufhebens. Er kümmerte sich, innerlich jung geblieben, bis ins Alter um die Studenten, die sich der Kongregation angeschlossen hatten. Von der Strahlkraft dieser Gemeinschaft zeugen nicht nur die prächtigen Versammlungsräume wie etwa der „Kleine Goldene Saal" in Augsburg, sondern weit mehr noch ihre Engagement in Kirche und Gesellschaft. Zahlreiche Heilige verdanken ihr Vollkommenheitsstreben der Marianischen Kongregation. Am 12. Oktober 1618 starb Pater Jakob Rem und fand in Ingolstadt seine letzte Ruhestätte. Sein Wirken aber reicht bis in die Gegenwart. Der Pallottinerpater Joseph Kentenich hat die Schönstattbewegung unter den Schutz der „Dreimal wunderbaren Mutter" gestellt. Wie Pater Rem wollte er junge Menschen für Maria begeistern, um sie zu Christus zu führen. Das war auch das Leitwort des bescheidenen Jesuiten Jakob Rem: Durch Maria zu Jesus.

Den Rosenkranz in Händen

Tilly starb 1632 bei Rain am Lech

„Den Rosenkranz in Händen, auf das Kreuz den letzten Blick, so möcht ich mein Leben enden, Mutter gib mir dieses Glück." Dieses Gebet hat der Oberbefehlshaber der Truppen, die sich in der katholischen Liga zusammengeschlossen hatten, Johannes Tserclaes Graf Tilly täglich gebetet. Als er am 30. April 1632 im Sterben lag, nachdem er am 15. April bei Rain am Lech schwer verwundet worden war, hielt er den Rosenkranz in Händen und sein letzter Blick fiel auf das Kreuz.

Geboren 1559 im heutigen Belgien schickten ihn seine Eltern zusammen mit seinem Bruder Jakob in die Schule der Jesuiten. Das sollte prägend für sein ganzes Leben werden. Gehorsam, Ausdauer in Schwierigkeiten, ein geregeltes Leben und Treue zu Christus und seiner Kirche lernte er neben Latein und Mathematik, neben Griechisch und Philosophie, vor allem aber lernte er die Grundwahrheiten des christlichen Glaubens und wie man sie zu verteidigen hatte. Dies war im Zeitalter der Reformation von entscheidender Bedeutung. Damals wurde er Mitglied der Marianischen Kongregation. Der Vater Tillys war Soldat, und auch die beiden Söhne entschieden sich für das Militär. Sie dienten im spanischen Heer unter dem Feldherrn Alessandro Farnese, der es verstand, seine Truppen mit fester Hand zu führen. Johann Tilly trat später in kaiserliche Dienste. Seine Tapferkeit und sein Führungstalent ebneten ihm den Weg nach oben. Es war keine steile Karriere. Dies ermöglichte es ihm später, als er zur Spitze aufgestiegen war, die Schwierigkeiten seiner Soldaten besser zu verstehen. 1610 trat er in die Dienste von Herzog Maximilian von Bayern und im gleichen Jahr erhielt er den Oberbefehl über die Truppen der Liga, in der sich die katholischen Fürsten des Reiches verbündeten, nachdem die evangelischen Fürsten sich im Jahr zuvor in der Union zu einem Waffenbündnis zusammengeschlossen hatten. Mit dem Prager Fenstersturz von 1618 begannen für Tilly harte Jahre. 1620 gelang ihm in der Schlacht am Weißen Berg bei Prag der entscheidende Sieg über Friedrich V. von der Pfalz, der als „Winterkönig" in die Geschichte eingegangen ist. Damit war Böhmen wieder fest in der Hand von Kaiser Ferdinand.

Für den bayerischen Herzog eroberte er die Oberpfalz und die Pfalz. Maximilian stieg zum Kurfürst auf. Tilly erhielt vom Kaiser den Grafentitel. Der Kaiser, der Tilly sehr viel zu verdanken hatte, war mit finanziellen Zuwendungen nicht besonders großzügig. Das lag wohl auch an der bescheidenen Art des Feldherrn, der nie fordernd auftrat. Noch bei seinem Tod waren Zusagen von 1620 nicht ausbezahlt worden. Was Tilly auszeichnete, war die eiserne Disziplin, mit der er seine Soldaten führte. Er duldete keine Plünderungen, wenngleich auch er seine Truppen aus dem Land versorgen mußte. Er legte Wert darauf, daß morgens und abends gebetet wurde. Täglich wurde die heilige Messe gefeiert, an der er selbst teilnahm. Freilich, eine Verrohung der Soldaten in dem langen Krieg konnte auch er nicht aufhalten, obwohl er immer wieder mit harter Hand die Ordnung herstellte.

Tilly war siegreich auf ganzer Linie. Den König von Dänemark, der in den Krieg eingriff, besiegte er 1626 bei Lutter. Der Einfluß des Kaisers war damit bis nach Holstein wiederhergestellt. Kaiser Ferdinand hatte nun das Ziel, die katholischen Bistümer des Nordens ihren rechtmäßigen Besitzern zurückzugeben, denn nach dem Augsburger Religionsfrieden 1555 hatten die protestantischen Fürsten sich noch weiter an katholischem Besitz bereichert. Dies wollten die Fürsten nicht widerstandslos hinnehmen. Seit 1630 stand der schwedische König Gustav Adolf auf deutschem Boden. Er verfolgte eine schwedische Großmachtpolitik und verstand es, sich als Retter des Protestantismus darzustellen. Konnte Tilly bis dahin von sich sagen: „Ich habe nie eine Schlacht verloren", mußte er sich bei Breitenfeld vom schwedischen König geschlagen geben. Magdeburg konnte Tilly noch erobern. Der 72jährige Heerführer erlebte dabei fassungslos, wie seine Soldaten nichts und niemanden schonten. Das Bild des Grauens, das er erlebte, ließ ihn ein kleines Kind ergreifen, dessen Mutter ein Soldat niedergestochen hatte, und ausrufen: „Das ist meine Beute." Der junge König zog quer durch Deutschland auf Bayern zu. Tilly suchte zu retten, was noch zu retten war. Bei Rain am Lech wollte er den Vormarsch der Schweden stoppen, aber es gelang ihm nicht. Tödlich verwundet mußte er es andern überlassen, den Kampf weiterzuführen. In seinem Testament hat er verfügt, daß er in Altötting begraben sein möchte. Sein Herz kam in die Gnadenkapelle, sein Leichnam mit dem Rosenkranz in seinen Händen wurde in der Stadtpfarrkirche beigesetzt.

Vater der Barmherzigen Schwestern

Der hl. Vinzenz von Paul

Vor einem halben Jahrhundert gehörten zu einem katholischen Krankenhaus die Barmherzigen Schwestern. Mit ihren weißen Flügelhauben schwirrten sie wie gute Engel durch Zimmer und Fluren. Sie kümmerten sich nicht nur um das leibliche Wohl der Patienten, sie hatten auch ihr Seelenheil im Auge. Inzwischen sind Barmherzige Schwestern selten geworden, aber sie haben das Bild der Krankenschwester entscheidend geprägt.

Die wunderbaren Flügelhauben sind längst praktischeren Formen des Schleiers gewichen. Die Ordenstracht wurde modernisiert, denn sie war in Anlehnung an die Tracht französischer Bäuerinnen des 16. Jahrhunderts entstanden. Damals wurden die „Vinzentinerinnen", wie sie auch genannt werden, als ambulanter Krankenverein ins Leben gerufen. Die Idee hatte nämlich ein Pfarrer namens Vinzenz von Paul, der aus ärmlichen Verhältnissen in Südfrankreich stammte. Sein Ziel war es eigentlich nicht gewesen, sich um Arme und Kranke besonders zu kümmern. Er wollte selber gut verdienen und für seine Angehörigen sorgen. Kaum 20 Jahre alt hatte er 1600 bereits die Priesterweihe empfangen. Um seine Studien fortsetzen zu können, nahm er Geld auf. Glücklicherweise machte er eine Erbschaft, die der Treuhänder allerdings nicht ausbezahlen wollte. Vinzenz von Paul prozessierte und gewann. Das Schiff jedoch, mit dem er die Rückreise antrat, wurde von türkischen Piraten überfallen. Er kam in Gefangenschaft und wurde nach Tunis verkauft. Als Sklave hatte er Zeit, über seine Lebensplanung nachzudenken. Sollte er gerettet werden, dann würde er nicht mehr nach einer einträglichen Pfründe streben, sondern ein Seelsorger für alle sein. Er betete den Rosenkranz und vertraute sich der Gottesmutter und ihrer Hilfe an. Vinzenz von Paul gelang die Flucht zusammen mit einem ehemaligen Franziskaner, der Muslim geworden war.

Seine Abenteuergeschichte machte Vinzenz von Paul in Paris bekannt, und die Königin, Margarethe von Valois, berief ihn zum königlichen Caritasdirektor. Das höfische Leben mit seiner Etikette und die Verwaltung der Spenden mit ihrer Bürokratie sagten ihm schon bald nicht mehr zu. Er wollte Pfarrer sein. Eine Pariser Vorortpfarrei wurde ihm anvertraut. Kaum war er hier zu Hause, bat ihn sein Seelenführer Pierre de Bèrulle, die Erzieherstelle im Haus des einflußreichen Generals Graf de Gondi zu übernehmen. Vinzenz von Paul kümmerte sich mit der ihm eigenen Tatkraft neben der Erziehung der Kinder der gräflichen Familie auch um die religiöse Bildung des übrigen Personals. Als er eine große Unwissenheit in Glaubensfragen bei den Bediensteten auf den Gütern feststellen mußte, hielt er regelrechte Glaubensseminare ab. Immer wieder legte er ihnen dabei das Beten des Rosenkranzes ans Herz. Er kümmerte sich auch um die Galeerensträflinge. Graf de Gondi war der Oberbefehlshaber der Galeeren, Vinzenz von Paul übernahm die Seelsorge, wobei er immer auch das Wohlergehen der Gefangenen im Auge hatte. Zahlreiche Erleichterungen für die Sträflinge konnte er durchsetzen. Es gelangen ihm auch aufsehenerregende Bekehrungen, die er dem Rosenkranzgebet und der Fürsprache der Gottesmutter zuschrieb.

Die Arbeit wuchs ihm allmählich über den Kopf. Predigten, Vorträge, Unterricht und dazu noch an verschiedenen Orten, das ließ sich auf Dauer nicht alleine bewältigen. Es kam zur Gründung einer Priestergemeinschaft, deren Mitglieder sich nach dem Ort ihrer ersten Niederlassung „Lazaristen" nannten. Volksmissionen wurden organisiert, um das Glaubenswissen zu vertiefen. Seit seinem Aufenthalt in Tunis und seiner Tätigkeit als Caritasdirektor hatte er ein Gespür für die Not der Menschen entwickelt. Bereits als Pfarrer errichtete er eine Art ambulanten Krankenverein, bei dem sich Frauen um kranke und alte Menschen annahmen. Diese Idee steckte an. Bei den Volksmissionen ging es nicht nur um ein vertieftes religiöses Leben, wie die Mitfeier der heiligen Messe und das Rosenkranzgebet in den Familien, sondern auch um praktische Hilfe. Aus den Frauengemeinschaften, die sich zu diesem Zweck zusammenfanden, entwickelten sich die Barmherzigen Schwestern.

Vinzenz von Paul verstand es, Not zu lindern und den Glauben zu stärken. Seine Armenküchen haben ganze Landstriche in Frankreich vor dem Hungertod bewahrt. Seine religiösen Impulse, die er bei seinen berühmten „Dienstagskonferenzen" gab, haben die Priesterausbildung erneuert. Um den Waisenkindern ein Obdach zu geben, gründete er Heime. Allein in Paris wurden damals alljährlich etwa 400 Kinder ausgesetzt. Als Vinzenz von Paul am 27. September 1660 starb, trauerten um ihn die Lazaristen und die Barmherzigen Schwestern, die Armen und die Kranken, nicht zuletzt die Waisenkinder, denen er ein Heim gegeben hatte.

Das Brevier des Musikers

Christoph Willibald Gluck

Auf einem Kalenderblatt war der Ausspruch des Komponisten Christoph Willibald Gluck zu lesen: „Der Rosenkranz ist das Brevier des Musikers." Was also für einen Priester die Psalmen und Hymnen des Stundengebetes sind, das ist für einen Musiker der Rosenkranz mit seinen Vaterunsern und den „Aves". Gluck schätzte jedenfalls dieses meditative Gebet. Er hat es wohl bereits im Elternhaus zu beten gelernt.

Am 2. Juli 1714 wird er in Erasbach bei Berching in der Oberpfalz geboren. Der Vater ist Förster und hofft, daß sein Ältester ebenfalls Förster wird. Inzwischen in Diensten des Fürsten Lobkowitz übersiedelt die Familie nach Böhmen. Christoph Willibald besucht das Gymnasium der Jesuiten in Komotau. Hier wird der Rosenkranz von der Marianischen Kongregation gepflegt, der sich Gluck anschließt. Sein musikalisches Talent zeigt sich früh. Er lernt verschiedene Instrumente und ist ein sehr guter Sänger. Dies alles kommt ihm zustatten, als er in Prag an der Karlsuniversität Logik und Mathematik zu studieren beginnt. Vom Vater kann er keine große Unterstützung erwarten, denn er hat nicht nur für den einen Sohn zu sorgen, sondern auch noch für acht weitere Kinder. Christoph Willibald spielt Orgel und singt im Kirchenchor, er musiziert bei Hochzeiten und Tanzveranstaltungen. Davon läßt sich leben. Bald gibt er das Mathematikstudium auf, um sich ganz der Musik zu widmen. Dies kann der Vater nicht verstehen. Es kommt zum Bruch.

Christoph Willibald Gluck verläßt Prag und begibt sich ins Zentrum des Musiklebens der damaligen Zeit, nach Wien. Er findet in einem lombardischen Adeligen einen Gönner, der ihn nach Mailand mitnimmt und seine weitere Ausbildung bei dem bedeutenden Komponisten Giovanni Battisti Sammantini finanziert. 1741 wird in Mailand Glucks erste Oper „Artaserse" aufgeführt. Sie findet begeisterte Aufnahme. Das beflügelt ihn zu weiteren Kompositionen. Der Vater sieht ein, daß sein Sohn nicht zum Förster, sondern zum Musiker berufen ist. Sie söhnen sich aus. 1746 reist Gluck nach London und begegnet Händel. Bald darauf schließt er sich einer fahrenden Truppe an, für die er Opern schreibt. 1750 heiratet er eine wohlhabende Wienerin, läßt sich jedoch erst vier Jahre später in Wien nieder. Bei einer Aufführung der Oper „Antigono" in Rom war Papst Benedikt XIV. so begeistert, daß er ihn zum Ritter vom Goldenen Sporn machte. Dies erhob ihn in den Adelsstand. Von jetzt an nannte er sich nur noch Ritter von Gluck.

Gluck war von unglaublicher Schaffenskraft. Mehr als 100 Opern hat er komponiert. Seine Textvorlagen waren viele Jahre italienisch, später französisch. Mit „Orpheus und Euydike" glückte ihm 1762 eine Erneuerung der Oper: Der Text bestimmt die Musik. Jede Rolle bekommt ihr Profil. Auf Einladung von Marie Antoinette, die in Wien seine Gesangsschülerin gewesen war und nun mit dem französischen König Ludwig XVI. verheiratet ist, geht Gluck nach Paris. 1774 werden die „Iphigénie en Aulide" und weitere seiner Werke aufgeführt, und entfesseln einen Streit zwischen den Anhängern Glucks und den Anhängern der italienischen Oper. Der Komponist kehrt wieder nach Wien zurück, gastiert jedoch immer wieder in Paris. Hier erleidet er 1779 einen Schlaganfall, der ihn zwingt, sich weitgehend zurückzuziehen. Er komponiert noch kleinere Werke und stirbt am 15. November 1787 an den Folgen eines weiteren schweren Schlaganfalls in Wien. Beim Begräbnisgottesdienst wurde das von ihm komponierte „De profundis" gesungen und ein Requiem des italienischen Komponisten Niccolo Jommelli. Gluck hat sich als Opernkomponist verstanden. Diese Aufgabe nahm ihn restlos in Anspruch, so daß in seinem Werk kaum geistliche Musik zu finden ist. Aber wenn er sagt: „Der Rosenkranz ist das Brevier des Musikers", dann dürfen wird davon ausgehen, daß der Rosenkranz ihn ein Leben lang begleitet hat und seine schöpferische Kraft auch aus dieser Quelle gespeist wurde.

Im Rosenkranz fand sie Gelassenheit

Kaiserin Maria Theresia

Kaiser Karl VI. ersehnte nichts mehr als einen Thronfolger, um die Dynastie der Habsburger zu sichern. Als sich sein Wunsch schließlich erfüllte, starb der Kronprinz, noch kein Jahr alt. Aber Kaiser Karl VI. hatte Töchter, deshalb wollte er die Thronfolge so regeln, daß auch eine Tochter seine Nachfolge antreten könnte. Dies geschah durch die „Pragmatische Sanktion".

Kaiser Karl VI. war den größten Teil seiner Regierungszeit von 1711 bis 1740 damit beschäftigt, seine Erbfolgeregelung von den anderen Mächten anerkennen zu lassen. Er schloß entsprechende Verträge. Alle forderten für ihre Zustimmung Zugeständnisse, und Karl VI. zögerte nicht sie zu machen. Er schwächte damit die eigene Position, aber für die Erhaltung des Friedens war ihm kein Preis zu hoch. 1740 starb Kaiser Karl VI., und seine Tochter Maria Theresia, die glücklich mit Franz Stephan von

Lothringen verheiratet war, folgte ihm auf den Thron. Alle Welt hatte zwar der Pragmatischen Sanktion zugestimmt und Garantien vereinbart, aber als nun der Erbfall und damit der Ernstfall eintrat, suchte man die Schwäche der Habsburger auszunützen.

Der preußische König Friedrich II. war der erste, der wortbrüchig wurde und in Schlesien einmarschierte. Ihm folgte der bayerische Kurfürst Karl Albert, zugleich Schwager von Maria Theresia, der in Böhmen einmarschierte und sich zum König von Böhmen krönen ließ. Die Kurfürsten wählten ihn zum deutschen Kaiser. Als Kaiser Karl VII. ging er in die Geschichte ein. Maria Theresia begab sich nach Ungarn und hoffte dort auf Unterstützung ihrer Ansprüche. Sie wurde nicht enttäuscht. Die junge Mutter, die ihr ältestes Kind, den nachmaligen Kaiser Josef II., auf dem Arm trug, rührte die Herzen des ungarischen Adels, der ihr versprach, sich für ihr Recht einzusetzen.

In dieser schweren Zeit, die voller Ungewißheiten war, griff Maria Theresia immer wieder zum Rosenkranz. Er verhalf ihr zu innerer Ausgeglichenheit und Nervenstärke. Maria Theresia verlor die Nerven nicht, sie handelte klug und entschieden. Bayern konnte in seine Schranken verwiesen werden, aber Preußen mußte Schlesien überlassen werden. Noch zwei weitere Kriege hat sie mit Preußen ausgetragen, denn den Verlust Schlesiens an den wortbrüchigen Friedrich II. wollte sie nicht einfach hinnehmen. Eine widerrechtliche Besetzung durfte nicht Recht werden, aber sie konnte das Recht weder militärisch noch diplomatisch durchsetzen. 16 Kindern schenkte sie das Leben, elf Mädchen und fünf Buben. Ihre Erziehung lag ihr sehr am Herzen. Bei der Verheiratung ihrer Kinder ließ sie sich von politischen Interessen leiten. Sie wollte wie ihr Vater alles tun, um den Frieden zu sichern.

Nach dem Tod ihres Mannes 1765, der als Franz I. auch deutscher Kaiser war, folgte ihr ältester Sohn Joseph als Kaiser, aber in Österreich und den habsburgischen Landen gab Maria Theresia erst 1780 das Heft aus der Hand, also mit ihrem Tod. Den Verlust ihres Mannes hat Maria Theresia nur schwer verkraftet. Sie trug bis zu ihrem Tod Witwentracht zum Zeichen ihrer Trauer. In den Stunden der Erholung, die sie sich gönnte, griff sie gerne zum Rosenkranz oder auch zum Stickzeug, um mit ihren Hofdamen und den Töchtern kirchliche Paramente zu sticken, die sie dann an Wallfahrtsorte verschenkte. Bis zum heutigen Tag kann man wertvolle Meßgewänder von ihr in Maria Zell und Maria Taferl, den beiden bedeutendsten

Wallfahrtsorten Österreichs, bewundern. Auch nach Maria Königin Bild bei Burgau im bayerischen Schwaben hat Kaiserin Maria Theresia einen Ornat gestiftet. Diese Wallfahrtskirche wurde in den Jahren der Säkularisation abgerissen, aber der Ornat kam in die Stadtpfarrkirche Burgau, wo er noch heute in hohen Ehren gehalten wird.

Der versprochene Rosenkranz

Wolfgang Amadeus Mozart

Leopold Mozart war ein tiefreligiöser Mann, der als Vater auch seinen Kindern den christlichen Glauben zu vermitteln versuchte. Das Gebet gehörte zum täglichen Leben, ebenso der Besuch der heiligen Messe, sooft dies möglich war, immer aber am Sonntag. Wenn Leopold Mozart, der in Augsburg das Jesuitengymnasium besucht hat und hier religiös stark geprägt wurde, mit Wolfgang Amadeus und Nannerl auf Konzertreisen war, wurde das religiöse Leben nicht vernachlässigt.

Zu den Gönnern der Mozartfamilile gehörten neben weltlichen Fürsten vor allem geistliche Fürsten. In Klöstern fanden sie gastliche Aufnahme und ein musikbegeistertes Publikum. Kompositionen wurden angeregt und zur Aufführung gebracht. Sowohl Leopold Mozart als auch Wolfgang Amadeus standen im Dienst des Salzburger Erzbischofs. Meistens wird nur das spannungsvolle Verhältnis zu Erzbischof

Hieronymus Graf Colloredo betrachtet und darüber vergessen, mit welcher Großzügigkeit der Vorgänger Leopold Mozart und seinen Sohn Wolfgang Amadeus behandelt hat. Fürsterzbischof Siegmund Christoph Graf von Schrattenbach war ein großer Kunstliebhaber und Förderer der Musik. Große Namen wie Micheal Haydn und der aus Jettingen stammende Johann Ernst Eberlin waren in Salzburg tätig. Fürsterzbischof Graf Colloredo, der 1771 auf Graf Schrattenbach folgte, hatte wenig Verständnis dafür, daß es Wolfgang Amadeus Mozart immer wieder an andere Höfe zog.

Manchmal wird behauptet, daß Mozart sich nach dem Bruch mit dem Salzburger Erzbischof vom Glauben und der Kirche abgewandt habe. Seine Aufnahme in die Wiener Freimaurerloge am 14. Dezember 1784 wird dafür angeführt, außerdem habe er seit seinem Weggang aus Salzburg keine Messen mehr komponiert, wenn man von seinem letzten Werk, dem Requiem, einmal absehe. Nun hatten die Freimaurer von 1784 noch nicht den gleichen antikirchlichen und antichristlichen Charakter wie es dann im 19. Jahrhundert gerade unter französischem Einfluß der Fall war. Die Freimaurer von 1784 waren eher eine gesellschaftliche Vereinigung, bei der Standesunterschiede keine Rolle spielten. Für Mozart, der es gewohnt war, in höchsten Kreisen zu verkehren, brachte die Freimaurerloge, der auch der Weihbischof von Wien und Persönlichkeiten des Hochadels angehörten, eine Fülle von Beziehungen. Auch Leopold Mozart und Joseph Haydn wurden Mitglieder von Freimaurerlogen. Beide zutiefst religiöse Menschen, die sich dem Männerbund bestimmt nicht angeschlossen hätten, wenn er antichristliche und antikirchliche Ziele verfolgt hätte, wie dies in späteren Zeiten der Fall war.

Nach seinem Weggang aus Salzburg war Mozart als freischaffender Künstler auf Auftragsarbeiten angewiesen. Messen wurden bei ihm nicht in Auftrag gegeben. Die Klöster verfügten über eigene Komponisten von hoher Qualität, ebenso die Fürstbischöfe. Allerdings war man in dieser Zeit bereits der großen Messen überdrüssig, man bevorzugte die „kurze Messe", die „missa brevis", und es kam die „deutsche Messe" auf, die aus einer Abfolge von Liedern bestand, die zu den einzelnen Teilen der heiligen Messe paßten.

Wolfgang Amadeus war es gewohnt, mit seinen Angehörigen in ständigem Briefkontakt zu stehen. Er berichtet der Mutter, dem Vater von seinen Gefühlen, von seinen Freuden, seinen Ängsten, und später seiner Frau Constanze. In einem seiner Briefe heißt es: „Nach der Symphonie betete ich den Rosenkranz, den ich versprochen hatte." Daraus kann man sehen, daß zu den Reiseutensilien des Komponisten der Rosenkranz gehört hat. Er hat ihn auf seinen vielen Reisen begleitet und immer wieder hat er zu ihm gegriffen. Dies hat er von seinem Vater gelernt. Es wäre nun interesssant zu wissen, nach welcher Symphonie Wolfgang Amadeus den versprochenen Rosenkranz gebetet hat, denn er hat ja zahlreiche Symphonien komponiert und zur Aufführung gebracht. 1765 entstanden in London die ersten Symphonien. 1771 komponierte er weitere Symphonien auf einer Reise durch Italien. 1779 brachte er neue Symphonien in Salzburg zur Aufführung.In der Wiener Zeit müßten die Haffner-Symphonie, die Linzer und die Prager Symphonie und nicht zuletzt die Jupiter-Symphonie genannt werden.

Beim Beten kommen die Ideen

Joseph Haydn

Joseph Haydn verdankt Deutschland die Melodie seiner Nationalhymne, die der Komponist mit dem Titel „Volkslied" überschrieben hat und der dann der Text „Gott erhalte Franz den Kaiser" unterlegt wurde, mehr als hundert Jahre später dann der Text des „Deutschlandliedes", dessen dritte Strophe „Einigkeit und Recht und Freiheit" zur Nationalhymne der Bundesrepublik Deutschland wurde. Daran hat sich auch nach der Wiedervereinigung nichts geändert.

Joseph Haydn, der 1732 im niederösterreichischen Rohrau das Licht der Welt erblickte, war der Sohn eines Wagnermeisters und einer Herrschaftsköchin. Musikalität war ihm und seinem fünf Jahre jüngeren Bruder Michael in die Wiege gelegt. Im Elternhaus erfuhren sie eine tiefreligiöse Herzensbildung. Joseph kam zu den Wiener Sängerknaben und Michael folgte später nach. Der Vater, ein begnadeter Harfenspieler, und die Mutter, eine glänzende Sängerin, förderten das musikalische Talent ihrer Söhne. Beide machten Karriere. Joseph, der auch bei Philipp Emanuel Bach lernte, wurde Konzertmeister am Hof des Fürsten Esterhazy und Michael Kapellmeister beim Fürsterzbischof von Salzburg. Ihre Dienstherren erwarteten ständig neue Kompositionen. Für festliche Anlässe galt es Messen zu komponieren, denn die Gottesdienste sollten immer neu das Lob Gottes verkünden. Daneben fanden Konzerte statt, zu denen Gäste erwartet wurden. Sie sollten mit neuen Kompositionen überrascht werden.

Wer die große Zahl der Kompositionen Joseph Haydns betrachtet, aber auch von Michael Haydn, kommt auf 800 Werke und fragt sich, woher sie ihre Einfälle und immer neue Iden hatten. Joseph Haydn erzählte einem Freund von seinem Geheimnis: „Wenn es mit dem Komponieren nicht so recht gehen will, gehe ich immer im Zimmer auf und ab, den Rosenkranz in der Hand, bete einige Ave – und dann kommen mir wieder Ideen." Am Ende jeder seiner Kompositionen schrieb er mit seiner gestochenen Schrift: „Soli deo gloria" – „Gott allein gebührt der Ruhm!". Das war bei Joseph Haydn keine fromme Floskel, das war seine tiefste Überzeugung. Von Gott hatte er sein Talent und Gott wollte er dafür dankbar sein.

Als Joseph Haydn nach dem Tod des Fürsten Nikolaus' I. Esterhazy von seinem Nachfolger in den Ruhestand versetzt wurde, empfand der 58jährige dies als glückliche Fügung. Der Fürst hatte das Orchester aufgelöst, und Haydn brauchte sich nicht mehr um das Orchester zu kümmern. Bei vollen Bezügen konnte er nun seinen Interessen nachgehen und mußte keine Auftragsarbeiten erledigen. Damals reiste er nach England. Er wurde begeistert aufgenommen. Die Universität Oxford verlieh ihm den Ehrendoktor. Angeregt durch Händels Oratorien komponierte er „Die Schöpfung" und „Die Jahreszeiten". Es entstanden die Londoner Symphonien. Die Werke Haydns wurden in Paris und Amsterdam aufgeführt. Ludwig van Beethoven wurde sein Schüler und widmete „Papa Haydn", wie man ihn in Wien verehrungsvoll nannte, seine frühen Werke. Joseph Haydn hat auch 30 Opern komponiert, die heute völlig vergessen sind und auf ihre Wiederentdeckung warten. Nicht vergessen sind seine religiösen Kompositionen. Nicht nur die Mariazeller Messe und die Missa Sanctae Caeciliae kommen immer wieder zur Aufführung, sondern auch die 14 anderen von ihm komponierten Messen. Sie stellen eine Bereicherung der Kirchenmusik dar.

Ein Kenner hat von Joseph Haydn gesagt: „Seine Frömmigkeit war nicht düster, sondern heiter und voll Gottvertrauen. In diesem Charakter ist auch seine Kirchenmusik geschrieben". Die letzten Jahre seines Lebens waren von Krankheit überschattet. Obwohl er noch voller musikalischer Ideen war, konnte er sie nicht mehr niederschreiben. In dieser schweren Zeit griff er wie in jungen Jahren zum Rosenkranz. Er half ihm, ja zum Willen Gottes zu sagen. Am 31. Mai 1809 starb Joseph Haydn, der immer von tiefem inneren Frieden und von Heiterkeit erfüllt war, wenn er an Gott dachte, in Wien. Beim Begräbnisgottesdienst wurde das Requiem seines Freundes Wolfgang Amadeus Mozart gesungen.

Der Physiker
mit dem Rosenkranz

André-Marie Ampère

Der „elektrische Congress" hat André-Marie Ampère 1881 ein Denkmal gesetzt, indem er für die Einheit der elektrischen Stromstärke die Bezeichnung „Ampère" wählte. Sie ehrt damit einen Wissenschaftler, der mit seinen Entdeckungen Großes geleistet hat. Weniger bekannt ist, daß der Generalinspekteur der Universität von Paris ein tieffrommer Mann war.

André-Marie Ampère kam 1775 am 22. Januar in Lyon zur Welt. Sein Vater hatte als Textilhändler ein Vermögen verdient. Er baute sich in den Bergen eine Villa und zog sich dorthin mit seiner Familie zurück. Vor allem widmete er sich der Erziehung seines Sohnes und unterrichtete ihn selbst. Der Wissensdrang des Kindes erfreute und erschreckte den Vater zugleich. André las mit Vorliebe wissenschaftliche Bücher. Manche waren in Latein abgefaßt, deshalb erlernte er in kürzester Zeit Latein, um diese Bücher lesen zu können. Den Eltern lag auch die religiöse Erziehung ihres Kindes am Herzen. Täglich besuchte man die heilige Messe im nahegelegenen Bergdorf und abends betete die Familie gemeinsam den Rosenkranz. Der hochbegabte Privatschüler beteiligte sich mit 13 Jahren an einer Preisaufgabe, die von der Akademie in Lyon ausgeschrieben worden war. Er gewann mit seiner Arbeit zwar nicht den Preis, aber die Anerkennung des Professorenkollegiums, das von seiner mathematischen Begabung überrascht war. Mit 14 Jahren konnte er deshalb bereits die Universität besuchen. Er studierte Physik und Biologie. Nebenbei beschäftigte er sich mit der Entwicklung einer Universalsprache.

Im Jahre 1789 kam es zur Französischen Revolution. Ganz Frankreich wurde davon erfaßt. Die Familie Ampère stand auf der Seite des Königs. Der Vater als angesehener Bürger Lyons wurde als Friedensrichter eingesetzt. Er wollte für Recht und Ordnung sorgen, als aber die Jakobiner in Paris an die Macht kamen, wurde Jean-Jacques Ampère seines Amtes enthoben, und die Gewaltherrschaft der Jakobiner nahm ihren Lauf. Viele wurden zum Tod durch die Guillotine verurteilt, unter ihnen auch der Vater Ampères. Dieser Schicksalsschlag ging einher mit dem Verlust des gesamten Vermögens.

Über Nacht hatte der junge Gelehrte alles verloren. Dies stürzte ihn in eine tiefe Verzweiflung. Der Rosenkranz wurde ihm zum Tröster. Er vertraute sich dem Schutz und der Fürsorge der Muttergottes an. Er besuchte die Gottesdienste, die Priester feierten, die nicht bereit waren, den Eid auf die Verfassung abzulegen. Sie wurden deshalb geächtet und verfolgt. Da lernte er ein Mädchen kennen: Julie. Sie munterte ihn auf. Sie wurde seine Hoffnung für die Zukunft. Die Eltern von Julie verlangten von ihm, er müsse zuerst einen Beruf haben oder eine feste Stellung, bevor ans Heiraten zu denken sei. André-Marie wurde Lehrer. Die Heirat konnte stattfinden. Ein Sohn wurde geboren. Das Glück war nur von kurzer Dauer. Ein paar Jahre später wurde Julie von der Tuberkulose hinweggerafft.

Er heiratete erneut. Jeanne erwies sich als ein Fehlgriff. Sie kümmerte sich weder um die Kinder noch um den Haushalt. Eines Tages ging sie mit einem Liebhaber auf und davon. Sie ließ den Herrn Professor mit den beiden Kindern und seinen Büchern allein. Mutter und Schwester übernahmen den Haushalt des inzwischen zum Generalinspekteur der Universität von Paris aufgestiegenen Gelehrten. Sie brachten Ordnung in den Haushalt und ermöglichten ihm ein ruhiges Arbeiten. Sein Kopf war voller Ideen. Manche behaupteten, er führe keine seiner Ideen wirklich an ihr Ende. Dies änderte sich in dem Augenblick, als er sich mit der bewegten Elektrizität als Quelle der magnetischen Wirkungen befaßte, auf die ihn der Schwede Orstedt aufmerksam gemacht hatte. Vor der Akademie der Wissenschaften berichtete er 1820 von seiner Entdeckung. Er entwickelte ein neues Gebiet der Physik und erfand ein Meßgerät für den Strom. Die Begriffe „Strom" und „Spannung" gehen auf Ampère zurück.

So zerstreut der Herr Professor sonst war, bei der heiligen Messe und beim Rosenkranz war er ganz bei der Sache. Dies beeindruckte Antoine Frédéric Ozanam, der einige Zeit im Hause Ampère als Student verbrachte, tief. Ebenso hat er die Hilfsbereitschaft des Gelehrten, der für arme Studenten immer etwas übrig hatte, bewundert. Ampère stand so Pate bei der religiösen Erneuerung Frankreichs, zu der Ozanam einen wichtigen Beitrag geleister hat. Am 10. Juni 1836 starb André-Marie Ampère völlig überraschend in Marseille.

Romanzen vom Rosenkranz

Ein Versepos des Dichters Clemens Brentano

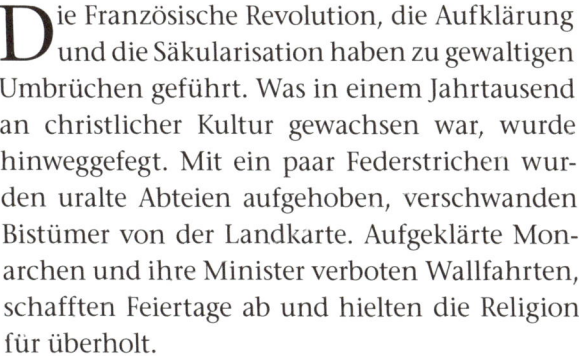

Die Französische Revolution, die Aufklärung und die Säkularisation haben zu gewaltigen Umbrüchen geführt. Was in einem Jahrtausend an christlicher Kultur gewachsen war, wurde hinweggefegt. Mit ein paar Federstrichen wurden uralte Abteien aufgehoben, verschwanden Bistümer von der Landkarte. Aufgeklärte Monarchen und ihre Minister verboten Wallfahrten, schafften Feiertage ab und hielten die Religion für überholt.

In diesen kirchenfeindlichen Zeiten, in denen die katholische Kirche von den Gebildeten für rückständig gehalten wurde, dem finstern Mittelalter verhaftet, waren es die Dichter, die den kostbaren Schatz des Glaubens erkannten. Männer wie Novalis, Friedrich Schlegel, Ludwig Tieck, Achim von Arnim und nicht zuletzt Clemens Brentano. Seit 1804 arbeitet Clemens Brentano an einem Versepos, das er zunächst „Das wundertätige Bild unserer lieben Frau von den Rosen wie auch die Erfindung des heiligen Rosenkranzes" nennen möchte. In einem Brief an den Maler Philipp Otto Runge, den er bittet, Randmalerein zu dem Buch zu entwerfen, schreibt er: „Es ist ein apogryphisch religiöses Gedicht angesiedelt in der Zeit 1250–1300. Es soll die Nachwirkung der Erbschuld zeigen, die durch den Rosenkranz gelöst wird."

Clemens Brentano legt seinem umfangreichen Versepos eine erfundene Geschichte zugrunde, die mit der Flucht der heiligen Familie nach Ägypten beginnt und dann einen Zeitsprung ins 13. Jahrhundert, die Zeit der Kreuzzüge, macht. Von allerlei Verwicklungen ist die Rede, von Mord und Todschlag, von Raub und Inzest. Man muß schon staunen, wieviele Fäden Clemens Brentano hier spinnt, sie verwirrt und schließlich Maria entwirren läßt. Alle Schuld, alle Dunkelheit soll zu einem guten Ende geführt werden. Das ist die Absicht des Dichters. In den einleitenden Versen erinnert er sich an die Geschichten, die ihm in seiner Kindheit erzählt wurden und die ihn, den einstigen Ministranten, der am Altare dienen durfte, anregten, diese Geschichte zu erzählen. 1810 hatte er die Absicht, das Versepos zu veröffentlichen. 1825, nach dem Tod der Anna Katharina Emmerick, ist es endlich so weit, aber er ist mit seinem Werk immer noch nicht zufrieden. Manche haben das Versepos den „katholischen Faust" genannt.

Es beginnt mit der Flucht der heiligen Familie nach Ägypten. In einer Herberge droht ihr der Tod. Es ist ein Räuberpaar, das Maria und Joseph samt Jesuskind umbringen will. Die Kinder der beiden warnen sie. Ein Soldat des Herodes taucht auf. Er raubt Maria den Ring und Joseph die Gaben der heiligen Drei Könige. Zum Abschied schenkt das Mädchen Maria einen Rosenstock, der nach der Berührung durch Maria drei Rosen trägt: eine weiße, eine schwarze und eine rote. Sie symbolisieren die drei Rosenkränze. Die Geschichte findet ihre Fortsetzung in der Zeit der Kreuzzüge. Brentano läßt sie in Bologna, dem Ort seiner Vorfahren spielen. Es kommt zu vielen Verirrungen und Verwirrungen. Der Ideenreichtum des Lyrikers ist bewundernswert.

Wer freilich in den „Romanzen vom Rosenkranz" Betrachtungen zu den einzelnen Geheimnissen sucht, der wird nicht fündig. Die „Romanzen vom Rosenkranz" sind eine Huldigung an die Gottesmutter, die von der Erbschuld bewahrt geblieben ist, und für alle Sünder als Fürsprecherin am Throne Gottes eintritt. Clemens Brentano fügte seinem Namen „Maria" hinzu, um auf diese Weise zu bekunden, welches Vertrauen er auf die Gottesmutter setzte.

Er weigerte sich, das Kreuz zu schänden

Das Schicksal des Théophane Vénard

Am 2. Februar 1861 wurde der französische Priester Jean-Théophane Vénard in Vietnam hingerichtet. Er sang auf dem Weg zum Tod das Magnifikat. Der betrunkene Henker mußte fünfmal ausholen, um mit dem Säbel den Kopf vom Rumpf zu trennen. Als die Karmelitin Theresia von Lisieux 1897 ein Buch über die Märtyrer des 19. Jahrhunderts las, beeindruckte sie vor allem die Lebensgeschichte von Pater Vénard.

Von klein an fühlte sich Thèophane zum Priestertum hingezogen. Im Alter von neun Jahren war es für ihn Gewißheit, daß Jesus ihn in seine Nachfolge rief. Er hütete Ziegen und las nebenbei Missionszeitschriften. Das Schicksal eines Missionars, der in Vietnam umgebracht worden war, rührte ihn so sehr, daß er sich am liebsten sofort auf den Weg gemacht hätte. Aber zunächst mußte er die Höhere Schule besuchen. Er lernte leicht. Dies ließ ihn stolz und spöttisch werden. Durch die regelmäßige Beichte überwand er allmählich diese Fehler wie auch seinen Jähzorn. Neben dem täglichen Besuch der heilige Messe begann er auch regelmäßig den Rosenkranz zu beten. Der Vater war nicht überrascht, als sein Sohn ins Priesterseminar eintreten wollte. Eines Tages erreichte ihn ein Brief, in dem Théophane dem Vater mitteilte, er habe die Absicht in die Mission zu gehen. Der Vater, der kurz zuvor seine Frau verloren hatte, schrieb dem Sohn: „Wenn du siehst, daß Gott dich ruft, so gehorche. Nichts soll dich zurückhalten."

Im Alter von 22 Jahren empfing er die Priesterweihe und wurde in die Mission nach Vietnam geschickt. Um seine Gesundheit war es nicht zum besten bestellt. Kurz nach der Priesterweihe war er an Paratyphus erkrankt. Dies machte ihn zeitlebens anfällig für jeden Infekt. 1854 traf er an seinem Bestimmungsort ein. Es war ein Dorf, das seit 100 Jahren christlich war und alle Verfolgungen überstanden hatte. Hier erlernte er die vietnamesische Sprache. Schon bald konnte er eingesetzt werden. Schnell gewann der kleine Franzose, der gerne lachte und sang, die Vietnamesen. Nur die vietnamesische Küche machte ihm zu schaffen. Sein Magen rebellierte. Er wurde so schwach, daß man schon mit seinem Tod rechnete. Kaum hatte er die

Krankensalbung empfangen, regten sich die Lebensgeister wieder und er konnte seiner Arbeit nachgehen. Da brach eine Verfolgung aus. Die Missionare wurden als französische Spione betrachtet, die das Land zu unterwandern suchten. Pater Venard mußte wie alle anderen Missionare untertauchen. Die Christen ließen ihre ganze Phantasie walten, um die Missionare zu retten. Kaum ließ die Verfolgung nach, nahm der Priester seine Arbeit wieder auf. Doch das war nur eine kurze Verschnaufpause. Erneut kam es zu Verhaftungen.

Am 30. November 1860 wurde Pater Vénard entdeckt und ins Gefängnis gebracht. Zunächst sperrte man ihn in einen Holzkäfig, später erhielt er Hafterleichterungen. Er konnte mit den Soldaten Gespräche führen und Briefe schreiben („Käfigbriefe", 1953). Er war sich jedoch über die Aussichtslosigkeit seiner Lage klar. Beim Prozeß forderte ihn der Vizekönig auf, das Kreuz mit Füßen zu treten. Da küßte er das Kreuz und sagte: „Ich habe bis zum heutigen Tag die Religion des Kreuzes gepredigt. Das ist mein Glaube. Ich schätze das Leben in dieser Welt nicht so hoch, daß ich es um den Preis des Verrates behalten möchte." Damit hatte er sich das Todesurteil gesprochen. Die Mitgefangenen staunten über die innere Ruhe des Missionars, der in seinem letzten Brief schrieb: „Ich stütze mich nicht auf meine eigene Kraft, sondern auf die Kraft dessen, der die Macht der Hölle und der Welt durch das Kreuz bezwungen hat." Theresia von Lisieux sah im Martyrium des Pater Vénard sein größtes Wirken für das Heil der Menschen: „Nur das Leiden kann Seelen für Jesus hervorbingen." Das Aufblühen der Kirche in Vietnam bestätigt dies eindrucksvoll.

Als die Dame erschien

*Bernadette und der Rosenkranz
an der Grotte von Massabielle*

Bernadette Soubirous, das 14jährige Mädchen aus Lourdes, der 1858 die Muttergottes 18mal erschien, zeigt einmal mehr, daß Gott eine Vorliebe für die Kleinen und Schwachen hat. Der Vater hatte seine Existenz als Müller verloren. Mit Gelegenheitsarbeiten brachte er seine Familie mehr schlecht als recht durch. Bernadette war kränklich, linkisch und naiv. Sie konnte weder lesen noch schreiben. Mit 14 sollte sie wie die anderen Kinder zur Erstkommunion vorbereitet werden, aber die Ordensschwester, die sie unterrichtete, hatte starke Zweifel, ob man sie zulassen könne. Bernadette beherrschte ein paar Grundgebete, die in der Familie gebetet wurden, aber mit dem Katechismus stand sie auf Kriegsfuß. Sie konnte sich die Antworten nicht merken, die sie auf die Fragen geben sollte. Den Rosenkranz konnte sie beten, weil man ihn täglich in der Familie betete. Den Rosenkranz trug sie immer in ihrer Schürzentasche bei sich. So auch an jenem 11. Februar 1858.

Mit ihrer Schwester Antoinette und einer Freundin war sie zum Holzsammeln gegangen. Die Mutter hatte sie geschickt. Holz war Mangelware im Hause Soubirous. Die Gave, ein Fluß, der bei Lourdes vorbeifließt, spülte immer wieder Holz von den Pyrenäen an. Das wollten die Mädchen herausfischen. Bernadette ging dabei in die Nähe der Grotte von Massabielle. Da sah sie die „Dame": „Ich sah eine weißgekleidete Dame: sie trug ein weißes Kleid und einen weißen Schleier, einen blauen Gürtel und auf jedem Fuß eine gelbe Rose. In der Hand hatte sie einen Rosenkranz." Unwillkürlich griff Bernadette zu ihrem Rosenkranz, machte das Kreuzzeichen und begann zu beten. Nachdem sie den Rosenkranz zu Ende gebetet hatte, konnte sie auch die Dame nicht mehr sehen.

Sie erzählte, was sie erlebt hatte, ihrer Schwester und der Freundin mit der Bitte, es nicht weiterzusagen. Doch sofort wurde die Mutter eingeweiht. Die Mutter glaubte Bernadette kein Wort. Sie dachte, das Mädchen wolle sich bloß wichtig machen. Die Eltern drohten ihr Schläge an, wenn sie noch einmal zur Grotte von Massabielle gehe. Sie dachten, es sei ein höllischer Spuk. Schließlich ließen sie sich von den inständigen Bitten des Mädchens erweichen. Wenn sie aber wieder zur Grotte gehe, müsse sie Weihwasser mitnehmen, dann werde man sehen, ob es sich um einen höllischen Spuk handle. Denn nichts fürchtet der Teufel bekanntlich mehr als das Weihwasser. Am 14. Februar ist Bernadette wieder an der Grotte. Die Dame erscheint. Bernadette betet den Rosenkranz. Sie besprengt die Dame mit Weihwasser und die Dame lächelt.

Bei einer weiteren Erscheinung sagt die Dame: „Bete für die armen Sünder, bete für die kranke Welt." Der Rosenkranz gehört zum Ablauf der Erscheinungen. Immer mehr Leute schließen sich Bernadette bei ihrem Gang zur Grotte an. Die Dame offenbart schließlich ihren Namen: „Ich bin die Unbefleckte Empfängnis." Jetzt weiß es alle Welt, was man bereits geahnt hatte: Die „Dame" ist die Gottesmutter, die Bernadette zu ihrer Botschafterin erwählt hat. Sie zeigt ihr die Quelle, aus der fortan das Lourdeswasser sprudelt und vielen Menschen Heilung bringt. Nach der 18. Erscheinung wird Bernadette keine weitere Erscheinung mehr haben, aber es dauert immerhin fast vier Jahre, bis die kirchliche Untersuchung bestätigt, daß in Lourdes die Muttergottes eschienen ist. Es setzte ein gewaltiger Pilgerstrom ein, der bis zum heutigen Tag nicht abgerissen ist. Alle Pilger verbindet das Rosenkranzgebet. Es wird in allen Sprachen der Welt gebetet. Es wird gebetet in den vielen Anliegen, die Menschen bewegen. Es wird gebetet für die Kranken, für den Frieden, um geistliche Berufe, um nur einige Anliegen zu nennen. Man könnte fragen: Wird auch für die Sünder gebetet? Denn dies war doch ein Anliegen de Gottesmutter. Aber beten wir nicht bei jedem „Gegrüßet seist du, Maria": „Bitte für uns Sünder jetzt und in der Stunde unseres Todes"? Hier beten wir nicht so sehr für andere, sondern für uns selber in dem Bewußtsein, daß wir arme Sünder sind. Bernadette hat der Rosenkranz auch weiterbegleitet bis zu ihrem frühen Tod mit 35 Jahren. Sie konnte nicht viel, aber sie konnte den Rosenkranz beten. 14jährige können heute lesen und schreiben, aber können sie auch den Rosenkranz beten? Wer betet mit ihnen den Rosenkranz? Anliegen gibt es viele, aber Beter gibt es immer weniger.

Bete den Rosenkranz!

Eine Empfehlung Kardinal Newmans

Eine der großen Gestalten des 19. Jahrhunderts ist der englische Gelehrte und Seelsorger John Henry Newman. Der älteste Sohn eines Londoner Bankiers erlebte in seinem Elternhaus einen sehr gefühlsbetonten christlichen Glauben anglikanischer Prägung. Im Alter von 15 Jahren erkannte er, daß der Glaube feste Grundlagen braucht. Er studierte Theologie in Oxford und war mit 20 bereits Professor.

John Henry Newman hatte sich für die geistliche Laufbahn entschieden. Als Pfarrer der Universitätspfarrei wurde er zum gefragten Prediger. Die Studenten und Professoren füllten die Kirche. Im Lauf seiner Studien erkannte er mehr und mehr, daß die katholische Kirche mit dem Bischof von Rom die von Christus gestiftete Kirche ist. Nach langem inneren Ringen entschloß er sich, katholisch zu werden. Dies erregte großes Aufsehen. Andere schlossen sich seinem Schritt an. Für Newman war es nicht leicht, viele Freunde zu verlieren und auch seine Stellung an der Universität. In Rom empfing er 1847 die Priesterweihe und schloß sich den Oratorianern, einer Weltpriestergemeinschaft, an. Die nächsten Jahre waren nicht leicht für ihn. Zahlreiche Enttäuschungen machten ihm das Leben schwer. Als er 1864 von einem Schriftsteller persönlich angegriffen wurde, verfaßte er eine Verteidigungsschrift, seine „Apologia pro vita sua", die ihm zu neuem Ansehen verhalf.

Immer wieder wurde er um Rat angegangen. Auf die Frage, wie man zur Vollkommenheit gelangen könne, gab er zur Antwort: „Wenn du mich fragst, was du tun mußt, um vollkommen zu sein, so sage ich dir: Erstens bleibe nicht im Bett liegen, wenn es Zeit ist, aufzustehen. Die ersten Gedanken weihe Gott. Bete den Engel des Herrrn. Iß und trink zur Ehre Gottes. Bete gesammelt den Rosenkranz. Halte böse Gedanken fern. Erforsche täglich dein Gewissen. Geh zur rechten Zeit zur Ruhe und du bist bereits vollkommen." Die meisten Veröffentlichungen Newmans waren durch andere veranlaßt, aber sein bedeutendstes Werk „Entwurf einer Zustimmungslehre" war ihm ein Herzensanliegen. In diesem Buch legt er dar, wie man nach seiner Überzeugung zur Glaubensgewißheit gelangen kann.

Newman war zeitlebens ein treuer Beter. Er macht sein Beten nie von Stimmungen abhängig. Besonders gerne betete er die Psalmen und Hymnen. Das tägliche Breviergebet versäumte er nie. Er pflegte auch den Rosenkranz. Im Alter, er war inzwischen Kardinal geworden, ließ seine Sehkraft nach, und der Rosenkranz wurde ihm nun zum ständigen Begleiter. Er sagte: „Es gibt nichts, was mir mehr Freude macht." Er fand, daß ihm der Rosenkranz in seinem täglichen Beten helfe, die Wahrheiten des Glaubens auf einfache und vertraute Weise zu betrachten. Er sagte einmal vor Studenten: „Die große Kraft des Rosenkranzes liegt darin, daß er das Glaubensbekenntnis zu einem Gebet macht. Der Rosenkranz bringt uns die Wahrheiten des Lebens und Todes Jesu vor Augen und so in unser Herz. Wir betrachten in ihm alle großen Geheimnisse von der Verkündigung bis zu seiner Herrlichkeit." Er rät dazu, sich immer ein Bild vor Augen zu stellen, dann sei es nicht zu schwer, die einzelnen Geheimnisse zu betrachten. Am 11. August 1890 starb John Henry Kardinal Newman. Den Rosenkranz, den er so gerne gebetet hat, wurde ihm ins Grab mitgegeben.

Der Gegenspieler Bismarcks

Ludwig Windthorst

Ein Zeitgenosse Bismarcks hat behauptet, daß dem deutschen Reichskanzler nur zwei Menschen etwas bedeutet hätten: seine Frau, die er geliebt, und Ludwig Windthorst, den er gehaßt hat. Otto von Bismarck konnte, wie viele starke Persönlichkeiten, Widerspruch nur schwer ertragen, und der hannoversche Jurist brachte mit seinen geschliffenen Reden den eisernen Kanzler zur Weißglut.

Ludwig Windthorst aus Meppen im Königreich Hannover stammte aus einer Juristenfamilie, die stolz darauf war, katholisch zu sein. Nach dem Abitur studierte er wie der Vater Jura und ließ sich als Rechtsanwalt in Osnabrück nieder. Dort heiratete er. Er wurde in den Landtag von Hannover gewählt und übernahm mit 39 Jahren das Justizministerium. Allerdings wurde er zwei Jahre später bereits wieder entlassen, weil er beim König in Ungnade gefallen war. Windthorst war unbestechlich und auch nicht bereit, nach den Wünschen des Königs zu verfahren. Die Gerechtigkeit und das Recht standen für ihn über dem König. In diesen Jahren bemühte er sich erfolgreich um die Wiederherstellung des Bistums Osnabrück. Sein politisches Talent aber kam erst voll zur Entfaltung, als er nach der Gründung des Deutschen Reiches 1871 in den Reichstag gewählt wurde. Die katholischen Abgeordneten befanden sich im Deutschen Reichstag in der Minderheit. Es bestand die Sorge, von den Protestanten an die Wand gespielt zu werden, zumal manche Leute der Meinung waren, die Reichsgründung sei ein später Sieg Luthers über das Papsttum, denn 1870 hatte der Papst den Kirchenstaat verloren und damit seine politische Souveränität. Die Zentrumsfraktion wollte die Interessen der Katholiken im neuen Reich vertreten. Bismarck erschreckte der Gedanke, daß im Zentrum auch die katholischen Gebiete des Elsaß und Polens, die dem Reich einverleibt worden waren, eine politische Vertretung hatten.

Bismarck warf dem Zentrum vor, es erhalte seine Weisungen direkt von Rom. Der Papst sei der heimliche Führer des Zentrums. Windthorst wies mit Nachdruck diese Unterstellung zurück. Die 1864 von Papst Pius IX. veröffentlichte Verurteilung von Irrtümern, die dem katholischen Glauben widersprechen (Syllabus Errorum), und das 1870 verkündete Dogma von der Unfehlbarkeit des Papstes haben in Deutschland hohe Wellen geschlagen und auch die Vorstellungen Bismarcks von der katholischen Kirche geprägt. Es waren zwar falsche Vorstellungen, aber sie führten schließlich zum Kulturkampf, in dem Bismarck die Rechte der Kirche einzuschränken versuchte. Den Höhepunkt der Auseinandersetzungen brachten die „Maigesetze" 1873. Der preußische Kultusminister verfügte, daß der Staat in kirchlichen Angelegenheiten das letzte Wort haben solle. Es wurde noch schlimmer. Der „Kanzelparagraph" stellte jede politische Äußerung eines Geistlichen in der Kirche unter Strafe. Es folgte das Jesuitenverbot. Die Jesuiten und alle ihnen verwandten Orden durften sich im Deutschen Reich nicht mehr niederlassen. Sie mußten Deutschland verlassen. Bismarck erreichte damit, daß das Zentrum von Wahl zu Wahl stärker wurde und sich die Katholiken nur noch durch das Zentrum vertreten fühlten. Windthorst wurde nicht müde, diesen Kirchenkampf im Parlament anzuprangern und die Rechte der katholischen Kirche zu verteidigen.

Vor seinen großen Reden konnte man Windthorst in den Gängen des Reichstages auf und ab gehen sehen. Er betete den Rosenkranz. Das gab ihm innere Ruhe und Gelassenheit, um die ihn Bismarck beneidete. Ein liberaler

Abgeordneter beobachtete, wie Windthorst beim Herausholen seines Taschentuches den Rosenkranz mit herauszog. Er glitt unbemerkt zu Boden, und Windthorst ging weiter. Der Liberale hob den Rosenkranz auf und schob ihn in seine Tasche. Kurz darauf begegneten sich die beiden wieder. Da meinte der Parlamentarier Windthorst hereinlegen zu können. „Wie ich höre, tragen Sie immer einen Rosenkranz bei sich. Können Sie mir den einmal erklären?" Windthorst griff in seine Tasche und fand den Rosenkranz nicht. Das irritierte ihn nicht. Er griff in die Jackentasche und zog einen Rosenkranz heraus. Nun erklärte Windthorst mit Vergnügen dem Liberalen, wie man den Rosenkranz betet und welche Bedeutung er für den katholischen Christen hat.

Windthorst, der sehr klein war, wurde nur als die „kleine Exzellenz" von Freund und Feind bezeichnet. Er hat als Parlamentarier die Katholiken zu einer seltenen Geschlossenheit geführt. Noch wenige Tage vor seinem Tod nahm er an einer Parlamentssitzung teil und ergriff wie gewohnt das Wort. Nach kurzer Krankheit starb er im 79. Lebensjahr am 14. März 1891.

Ein Mann des Ausgleichs

Papst Leo XIII. empfahl den Rosenkranz

Nur drei Wahlgänge brauchte das Konklave von 1878, um einen neuen Papst zu wählen. Der Nachfolger Papst Pius' IX., der seit 1846 das Petrusamt ausgeübt hatte, wurde Kardinal Pecci, der wegen seiner umgänglichen Art allseits sehr geschätzt war.

Graf Vincenzo Gioacchino Pecci, Jahrgang 1810, stammte aus Carpineto Romano in den Volsker Bergen. Zusammen mit seinem Bruder Giuseppe besuchte er eine Schule der Jesuiten in Viterbo. Nach weiteren Studien in Rom trennten sich die Wege der Brüder. Giuseppe trat bei den Jesuiten ein, und Gioacchino wurde nach seiner Priesterweihe Mitarbeiter der päpstlichen Verwaltung. Der hochbegabte Priester, der über eine dichterische Ader verfügte, hatte schon in jungen Jahren schwierige Aufgaben zu bewältigen. Es gelang ihm nahezu immer, Schwierigkeiten so zu lösen, daß alle Beteiligten zufrieden waren. Mit 33 Jahren wurde er zum Bischof geweiht und als Nuntius nach Belgien geschickt. Hier gingen die Wogen zu diesem Zeitpunkt hoch. Die Kirche wurde angefeindet. Die Presse spielte dabei eine ungute Rolle. Der Nuntius suchte die Wogen zu glätten. Seinem diplomatischen Geschick gelang dies auch weitgehend.

Nach nur drei Jahren im diplomatischen Dienst bekam er eine neue Aufgabe. Er wurde Bischof von Perugia. Mit 43 Jahren zum Kardinal erhoben rechnete man allgemein damit, daß er nach Rom berufen würde. Papst Pius IX. schätzte Kardinal Pecci sehr. In den Auseinandersetzungen, die damals Italien bewegten, hat der Kardinal aus Perugia immer wieder mutig das Wort ergriffen. Es ging um die Einigung Italiens. Der Kirchenstaat bildete ein Hindernis, deshalb waren die Kirche und der Papst vielen Angriffen ausgesetzt. Kardinal Pecci setzte auch hier auf Ausgleich und Verständigung. Dies führte zu einer Wertschätzung seitens der Politiker und zu Hoffnungen seitens der Kurie. 1870 ging der Kirchenstaat unter. Rom wurde die Hauptstadt des Königreiches Italien. Papst Pius IX. verließ den Vatikan nicht mehr. Er wurde der Gefangene des Vatikans.

Nach seiner Wahl zum Papst nahm Kardinal Pecci den Namen Leo XIII. an. Von 1878 bis 1903 übte er das Petrusamt aus. Ihm gelang es, den deutschen Kulturkampf zu überwinden. In Frankreich wollte er eine Versöhnung der Katholiken mit der Republik. Er griff die soziale Frage auf und hat mit seiner Enzyklika „Rerum novarum" die Rechte der Arbeiter verteidigt. Die Missionstätigkeit blühte auf. Mit der Ernennung John Henry Newmans zum Kardinal setzte er ebenso ein Zeichen wie mit dem Empfang des englischen Königs im Vatikan. Er förderte die Studien und öffnete die päpstlichen Archive. Viele Impulse gingen von diesem Papst aus, der 93 Jahre alt wurde.

Papst Leo XIII. schätzte das Rosenkranzgebet. Nahezu jedes Jahr veröffentlichte er zum Rosenkranzmonat Oktober eine Enzyklika, in der er die Gläubigen einlud, den Rosenkranz zu beten. Ihm war es ein Anliegen, daß der Rosenkranz in den Familien gebetet wird. In jeder Rosenkranzenzyklika nennt er auch Anliegen, in denen man ganz besonders beten soll. Es geht ihm um die Verteidigung der Kirche gegen alle Angriffe. Es geht ihm um die Festigung des Glaubens. Eine besondere Bedeutung mißt er dem Religionsunterricht zu. Hier werde der Glaube grundgelegt. Hier erfolge die beste Vorbereitung, um für Verfolgungen gerüstet zu sein. Die Rundschreiben des Papstes verhallten nicht ungehört. Der Monat Oktober wurde als Rosenkranzmonat begangen. In den Kirchen, in den Familien wurde der Rosenkranz gebetet. In seiner Enzyklika von 1893 hat er zu den Geheimnissen des Rosenkranzes kurze Betrachtungen verfaßt und damit in Erinnerung gerufen, daß der Rosenkranz ein betrachtendes Gebet ist. Papst Leo XIII. empfand sich als Vorbeter der ganzen Kirche. Er fand erfreulich viele Mitbeter. Anders ist auch der Segen gar nicht zu verstehen, der vom Wirken dieses Papstes ausging.

Der Rosenkranz war seine Rettung

Bartolo Longos Weg aus einer Lebenskrise

Papst Johannes Paul II. empfahl in einem Rundschreiben den Gläubigen 2002 das Rosenkranzgebet, das er darin als sein Lieblingsgebet bezeichnet eindringlich. Bei dieser Gelegenheit fügte er zu den bekannten Rosenkranzgeheimnissen fünf weitere hinzu, die Geheimnisse des lichtreichen Rosenkranzes. Das Apostolische Schreiben schließt mit einem Gebet des seligen Bartolo Longo, den der Papst einen „Apostel des Rosenkranzes" nennt. Außerhalb Italiens dürften nur wenige diesen Namen kennen.

Zu Hause war Bartolo Longo in Süditalien. In Latiano hat er am 10. Februar 1841 als Sohn eines Landarztes, des Dottore Bartolomaeo Longo und seiner Frau Antonia, das Licht der Welt erblickt. Zusammen mit einem Bruder und einer Schwester verbrachte er eine glückliche Kindheit. Die Mutter nahm ihn mit zu den Kranken, sie nahm ihn mit zur Kirche. In der

Familie wurde täglich der Rosenkranz gebetet. Die Eltern entschlossen sich, das begabte Kind in ein Internat zu geben, um ihm den Besuch einer höheren Schule zu ermöglichen. Bartolo lernte leicht, und bald wurde seine musikalische Begabung entdeckt. Stundenlang saß er am Klavier. Immer aber fand er noch Zeit den Rosenkranz zu beten. Der verband ihn mit seinen Lieben zu Hause. Nachdem der Vater allzufrüh gestorben war, wußte er sich mit ihm durch den Rosenkranz in der Ewigkeit verbunden. Nachdem er die Reifeprüfung mit besten Noten bestanden hatte, ging er nach Neapel an die Universität. Er studierte Rechtswissenschaften, um Anwalt zu werden.

Das Studentenleben, die große Freiheit nach Jahren des Internates gefiel ihm sehr. Bartolo hatte schon bald keine Zeit mehr, um zur heiligen Messe zu gehen oder den Rosenkranz zu beten. Das Studium, die zahlreichen Abendgesellschaften, zu denen der amüsante Plauderer und gute Klavierspieler eingeladen wurde, beanspruchten seine ganze Zeit. Allmählich geriet er in Kreise, in denen ständig über die Kirche hergezogen wurde. Statt die Kirche zu verteidigen, begann er sie ebenfalls zu kritisieren. Aus dem frommen Abiturienten Bartolo Longo wurde in kurzer Zeit ein regelrechter Kirchenhasser. Den Höhepunkt seiner Abwendung vom christlichen Glauben erreichte er an dem Tag, als er sich dem Spiritismus anschloß. Er nahm nun regelmäßig an spiritistischen Sitzungen teil. Statt aber Antworten auf seine Fragen zu erhalten, verfiel er immer stärker in Depressionen.

Der junge Rechtsanwalt machte eines Tages einen Besuch bei einem seiner ehemaligen Lehrer im Internat. Ihm schüttete er sein Herz aus. Der Lehrer riet ihm, zu beichten. Aber es dauerte noch ein Jahr, bis er sich aufraffte, einen Beichtstuhl zu betreten. Unter Tränen bekannte er seine Sünden. Später sagt er von sich: „Maria, die Zuflucht der Sünder, die Königin des Rosenkranzes hat an mir ein Gnadenwunder vollbracht." Er dachte daran, wie seine Mutter und seine Geschwister den Himmel bestürmt haben. Jetzt trat er überall gegen den Spiritismus auf und wurde zum glühenden Verteidiger der Kirche. Er kümmerte sich um die Armen von Neapel und schloß sich dem Dritten Orden des heiligen Dominikus an. 1872 übernahm er die Verwaltung der Güter der Gräfin de Fusco nahe Pompeji. 1885 heirateten die beiden. Er kümmerte sich nicht nur um die Bewirtschaftung der Güter, sondern auch um ein vertieftes religiöses Leben in der Region. Das Beten in den Familien war verstummt, der sonntägliche Gottesdienst wurde vernachlässigt. Bartolo

Longo brachte es fertig, daß sich das änderte. In den Familien griff man wieder zum Rosenkranz, am Sonntag ging man zur heiligen Messe. Schließlich begann Longo eine Kirche in Pompeji zu Ehren der Rosenkranzkönigin zu bauen. 1887 wurde die Basilika eingeweiht. Schließlich entstand eine ganze Stadt um dieses Marienheiligtum. Sein ganzes Vermögen setzte er dafür ein. Am 5. Oktober 1926 starb Bartolo Longo mit dem Rosenkranz und dem Sterbekreuz in der Hand. Seine letzten Worte waren: „Mein einziger Wunsch ist es, Maria zu sehen, die mich gerettet hat und mich auch vor dem Bösen bewahren wird."

Mit dem Rosenkranz in der Hand

Der selige Zigeuner Zefirino Jiménez Malla

Der Bürgerkrieg in Spanien forderte viele Opfer. Die roten Revolutionäre hatten es vor allem auf Klöster und Kirchen, auf Priester und Ordensleute abgesehen. Wer sich für sie einsetzte, spielte mit dem Leben. Weil der Zigeuner Zefirino Jiménez Malla gegen die Verhaftung eines jungen Priesters protestierte, wurde er verhaftet. Weil er den Rosenkranz nicht aus der Hand geben wollte, wurde er getötet.

Zefirino hatte kein leichtes Leben. Der Vater hatte die Mutter verlassen, als er noch ein Kind war. Mit Korbflechten trug er zum Lebensunterhalt bei. Man zog von Ort zu Ort nach Zigeunerart. Der Besuch einer Schule war nicht möglich. Zefirino lernte weder lesen noch schreiben, aber die Mutter lehrte ihn beten. Die Mutter erzählte ihm die biblischen Geschichten. Die Mutter führte ihn zur Kirche und vertraute sich und ihr Kind dem Schutz der Madonna an. Oft fehlte es am Nötigsten. Der Hunger war ihnen nicht unbekannt. Noch im Alter erzählte Zefirino, daß der gefürchtete Bandit Chacaracha, der die Reichen überfiel und ausplünderte, um den Armen zu helfen, auch seine Mutter immer wieder unterstützt habe.

Die Mutter verheiratete ihn mit Teresa Jiménez Castro, einer sehr hübschen Zigeunerin, für deren Ansprüche allerdings der Verdienst aus der Korbflechterei bei weitem nicht ausreichte. Zefirino verlegte sich auf den Pferdehandel und wurde seßhaft. Immer schon betete er gerne den Rosenkranz, und seit er sich in Barbastro niedergelassen hatte, ging er auch regelmäßig zur heiligen Messe. Als er bei Fastenpredigten im Dom von der Wichtigkeit der Sakramente für das Leben des Christen hörte, da ging er zur Beichte, brachte seine Ehe in Ordnung, denn Teresa und er hatten nur nach Zigeunerart geheiratet. Von jetzt an sah man Zefirino, den alle nur „El Pelé" nannten, immer wieder auch bei der heiligen Kommunion. Der Handel mit Pferden und Eseln ging recht gut, zumal Pelé den Ruf eines ehrlichen Viehhändlers hatte. Er hätte reich werden können, wäre ihm nicht sein gutes Herz im Wege gestanden. Sehr zum Leidwesen seiner Frau konnte er keinen Bettler abweisen. Wer in Zahlungsschwierigkeiten war, fand bei Pelé Verständnis und Stundung seiner Schulden. Nie hatte Pelé seine schwere

Kindheit vergessen und nie die Madonna. Jeden Tag betete er den Rosenkranz. Die Mutter des Herrn sollte ihm Fürsprecherin in seinem Alltag sein.

Der Tod seiner Frau traf ihn schwer. Eine Nichte, die das kinderlose Paar aufgezogen hatte, führte ihm nun den Haushalt. Zu allem Unglück kam noch die Verhaftung wegen Pferdediebstahl. Auf einem Viehmarkt hatte ein Bauer sein Pferd wiedererkannt, das ihm kürzlich gestohlen worden war. Pelé kam vor Gericht. Er konnte allerdings nachweisen, daß er das Pferd gekauft hatte und daher als Dieb nicht in Frage kam. Es erfolgte ein Freispruch und der gute Ruf des Viehhändlers war wiederhergestellt. Für Kinder hatte Pelé immer Zeit. Ihnen erzählte er die biblischen Geschichten oder die Abenteuer des Banditen Chacaracha. Erwachsene schütteten ihm ihr Herz aus, und Pelé wußte Rat.

Im Jahre 1936 wurde Barbastro von der Volksmiliz besetzt. Als ein junger Priester verhaftet wurde, protestierte Pelé lautstark. Daraufhin wurde auch der 75jährige Zigeuner verhaftet. Im Gefängnis war es verboten zu beten. Das kümmerte Pelé nicht. Er zog seinen Rosenkranz heraus, um zu beten, wie er es gewohnt war. Seine Nichte bat ihn, ihr den Rosenkranz zu geben, aber Pelé gab ihn nicht aus der Hand.

Am 25. Juli brachte man die Gefangenen zum Friedhof. Dort wurden sie erschossen. Pelé starb mit dem Rosenkranz in der Hand. Seine letzten Worte waren: „Es lebe Christus der König." Am 4. Mai 1997 wurde Pelé, alias Zefirino Jiménez Malla, von Papst Johannes Paul II. in das Verzeichnis der Seligen aufgenommen. Zur Seligsprechung hatten sich viele Spanier und mehrere Tausend Zigeuner aus ganz Europa eingefunden.

Der Rosenkranz begleitete ihn ein Leben lang

Pater Maximilian Kolbe

Papst Leo XIII. empfahl den Gläubigen immer aufs neue den Rosenkranz. Seine Worte wurden gehört und von nicht wenigen Familien in die Tat umgesetzt. Auch die Familie Kolbe im polnischen Zdunska-Wola gehörte zu ihnen. Im Oktober gingen die Eltern mit ihren Kindern zum Rosenkranz in die Pfarrkirche, während des Jahres betete man ihn in der Familie vor dem Schlafengehen. Von fünf Kindern wurden drei Priester und einer davon ein Heiliger: Pater Maximilian Kolbe, der mit Taufnamen Raimund hieß.

Raimund war ein begabtes Kind. Wie sein älterer Bruder Franz wollte er Priester werden. Die Eltern waren nicht besonders vermögend. Bei den Franziskanern von Lemberg fanden sie für ihre beiden Buben einen erschwinglichen Seminarplatz. Allabendlich kamen Raimund und Franz in die Kapelle, um zusammen mit anderen Seminaristen den Rosenkranz zu beten. Da fühlten sie sich wie zu Hause, und das Heimweh schwand. Raimund wurde Franziskaner. Zu ihrer Ordenstracht gehört der Rosenkranz. Er begleitete Raimund, der seit seinem Ordenseintritt auf den Namen Maximilian hörte, nach Rom. Die Oberen wollten, daß er den Doktortitel erwerben solle, um an ihrer Ordenshochschule lehren zu können. Mit dem doppelten Doktor schloß er seine Studien ab. Bei allem Studieren vergaß er nie zu beten. Der Rosenkranz blieb sein steter Begleiter. In sein Tagebuch schrieb er: „Man muß viel Vertrauen zu Maria haben und viel beten, besonders in Schwierigkeiten. Oft genügt es, nur ein Ave Maria zu sprechen, aber in wichtigen Dingen empfiehlt es sich, den Rosenkranz zu beten".

Am 17. Oktober 1917 hat sich Frater Maximilian Kolbe mit sechs Freunden in Rom der Muttergottes geweiht. Sie wollten Ritter der Immakulata, der unbefleckten Jungfrau, sein und ihre Ehre, sowie die Ehre Christi und seiner Kirche mit all ihrer Kraft verteidigen. Nach seiner Priesterweihe 1919 sollte Kolbe in Krakau Philosophie und Kirchengeschichte dozieren. Kaum hatte er die Aufgabe angetreten, erkrankte er an Lungentuberkulose. Sein Gesundheitszustand war lebensbedrohlich. Er sah sich im Lungensanatorium nicht mehr in der Lage, das Brevier zu beten. Er schrieb in sein Tagebuch: „Ich hielt Betrachtung und machte die geistliche Kommunion, dann betete ich den glorreichen Rosenkranz." Nach seiner Entlassung aus Krankenhaus und Sanatorium gründete er die Zeitschrift „Rycerz Niepokalanej", das heißt „Ritter der Immakulata". Sie erschien Monat für Monat. Pater Maximilian erwies sich nicht nur als zündender Schriftleiter, sondern auch als glänzender Organisator. Er brachte Geld auf, um die Druckkosten zu finanzieren. Er fand Mitarbeiter, die in seinem Sinn arbeiteten. Bald kannte man den „Ritter der Immakulata" in ganz Polen. Innerhalb kürzester Zeit wuchs das Werk derart, daß eine ganze Klosterstadt entstand: Niepokalanow („Immakulatum, Stadt der Unbefleckten"). Neueste Druckmaschinen standen zur Verfügung und der Vertrieb bediente sich aller modernen Möglichkeiten. Pater Maximilian dachte sogar an einen Flugplatz. Jeden Abend kamen alle zum Rosenkranz zusammen. Maria sollte ihnen bei ihrem Bemühen, die Welt für Christus und seine Kirche zu gewinnen, beistehen. Er ermutigte auch seine Leser, den Rosenkranz zu beten: „Wenn wir den Rosenkranz beten, dann tun wir der Gottesmutter einen großen Gefallen und ziehen Gottes Segen auf uns und unsere Familien herab."

Als Papst Pius XI. die Franziskaner Polens bat, nach Japan zu gehen und in Nagasaki Zeugnis für Christus abzulegen, war Pater Maximilian sofort bereit. Im Zug, auf dem Schiff, immer wieder greift der polnische Franziskaner zum Rosenkranz. Er schreibt in sein Tagebuch: „Gestern abend beteten wir auf der Brücke den glorreichen Rosenkranz beim Schein des Mondes." In Japan gründete er sofort eine japanische Ausgabe seines „Ritters der Immakulata". Innerhalb von vier Jahren lag die Auflage bereits bei 70 000 Exemplaren. Er empfahl selbst den Nichtchristen unter den Lesern den Rosenkranz: „Es ist ein leichtes Gebet. Er kann auch von einem Nichtchristen gebetet werden. Er lernt auf diese Weise die Wahrheiten unseres Glaubens kennen und erhält die Gnade, zum Glauben zu finden." Pater Maximilian sprühte von Ideen, aber die Oberen riefen ihn 1936 wieder nach Polen zurück. Er konnte noch Niederlassungen in Belgien und Lettland gründen, dann aber brach der Krieg aus. Kaum waren die Deutschen in Polen einmarschiert, wurde der „Ritter der Immakulata" verboten und Pater Maximilian mit 40 Mitbrüdern in Niepokalanow verhaftet. Sie sollten eingeschüchtert werden. Bald darauf wurden sie wieder entlassen. Am 17. Februar 1941 wurde er erneut verhaftet, weil er Verfolgten des Naziregimes, vor allem Juden, geholfen hatte. Man brachte ihn nach Auschwitz ins KZ. Dort starb er am 14. August 1941 den Hungertod zusammen mit neun weiteren KZ Häftlingen. Sie starben, weil ein Insasse des Lagers geflohen war. Pater Maximilian sang und betete im Hungerbunker bis zuletzt. Immer wieder konnte man die Worte des Rosenkranzes hören. Er hat ihn bis in seine Todesstunde begleitet.

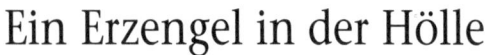

Ein Erzengel in der Hölle

Das ungewöhnliche Leben des Abbé Stock

Franz Stock fiel nicht auf. Der 1904 geborene Arbeitersohn aus dem westfälischen Sauerland mußte sich redlich plagen, um am Realgymnasium das Abitur machen zu können. Aber er hatte ein Ziel. Er wollte Priester werden. Obwohl die Eltern neun Kinder aufzogen, ermöglichten sie ihm die höhere Schule und schließlich das Studium.

Während seiner Schulzeit hatte sich Franz Stock dem Bund „Neudeutschland" angeschlossen, einer Jugendvereinigung, die ein intensiveres religiöses Leben pflegte, aber auch durch Vorträge, Diskussionen und Fahrten den geistigen Horizont zu weiten suchte. 1926 nahm er an einem Friedenstreffen in Frankreich teil. Der 1. Weltkrieg mit seinen Schrecken weckte in ihm schon früh den Wunsch, etwas für den Frieden zu tun. Er trat ins Priesterseminar der Erzdiözese Paderborn ein. Einige Semester studierte er in Paris und schloß sich dort einer Jugendbewegung „Gefährten des heiligen Franziskus" an, deren erklärtes Ziel die Völkerverständigung war. In Paderborn empfing er 1932 die Priesterweihe.

Zunächst kam er nach Dortmund als Kaplan. 1934 bat der Erzbischof von Paris um einen Seelsorger für die deutschsprachige Gemeinde. Er hatte Franz Stock während seines Parisaufenthaltes kennengelernt und fragte an, ob der junge Priester nicht für diese Aufgabe freigestellt werden könnte. So kam Franz Stock als 30jähriger zu seiner Pfarrei. Das war 1934. Die deutsche Gemeinde hatte nicht allzuviele Mitglieder. Das änderte sich aber bald. Immer mehr Deutsche verließen wegen der Nazis ihre Heimat und kamen nach Paris. Hier fühlten sie sich sicher vor Hetze und Schikane. Hier atmeten sie Freiheit. Abbé Stock konnte vielen von ihnen helfen. 1939 rief ihn sein Bischof wieder zurück. Da brach der Krieg aus. Deutschland marschierte in Frankreich ein. Die deutschen Soldaten brauchten einen Seelsorger. So kam Franz Stock 1940 erneut nach Paris. Er kümmerte sich um die Soldaten, aber seine Hauptaufgabe bestand schon bald darin, die gefangenen Franzosen zu betreuen. Todesurteile wurden am laufenden Band gefällt. Abbé Stock bereitete die Verurteilten auf den Tod vor. Er betete mit ihnen. Nahm ihnen die Beichte ab. Spendete ihnen die Sakramente. Begleitete sie zur Hinrichtung. Während die SS über den

„Himmelskomiker" und „schwarzen Raben" spottete, denn Abbé Stock trug nie eine Uniform, sondern ging in der Soutanelle deutlich als katholischer Geistlicher erkennbar, sprachen die Gefangenen und ihre Angehörigen von ihm als dem „Erzengel in der Hölle". Er brachte Trost. Er vermittelte Nachrichten von den Angehörigen zu den Gefangenen. Viele Nächte durchwachte er mit Todeskandidaten. Der Rosenkranz erwies sich in solchen Stunden als Trost und Ermutigung. Fast 2000 Verurteilte hat er auf ihrem letzten Weg begleitet. Viele haben sich mit seiner Hilfe gut auf den Tod vorbereiten können. Es überstieg fast menschliche Kraft, was er in diesen Jahren erlebte.

Als die Alliierten Paris einnahmen, war es für ihn wie eine Erlösung. Er kam in Kriegsgefangenschaft. Da wurde die Idee geboren, unter den Kriegsgefangenen die Theologiestudenten in einem Lager zusammenzufassen, um ihnen die Möglichkeit zum Studium zu geben. Abbé Stock wurde Regens des Priesterseminars von Chartres, einem Seminar hinter Stacheldraht. Mehr als 400 Studenten waren es, für die er zu sorgen hatte. Er hielt auch Vorlesungen in Kirchengeschichte und Liturgie. 1947 wurde das Lager aufgelöst und Abbé Stock ging wieder nach Paris. Seine Kräfte waren aufgezehrt. Das Herz hatte unter der ständigen Anspannung der Kriegsjahre gelitten. Er begab sich in ärztliche Behandlung. Völlig überraschend starb er am 24. Februar 1948 in einem Pariser Krankenhaus. Zunächst war Abbé Stock vergessen, aber im Lauf der Jahre erinnerten sich immer mehr an den tapferen Priester, der keinen Unterschied zwischen Deutschen und Franzosen gemacht hat, der für gläubige Katholiken ebenso sorgte wie für Juden und Kommunisten. In der Nähe von Chartres ist heute sein Grab. Es ist zu einer Pilgerstätte für Deutsche und Franzosen geworden.

Opfer der Atombombe

Der Arzt Dr. Takashi Nagai aus Nagasaki

Als am 9. August 1945 die Atombombe über Nagasaki abgeworfen wurde, war dies die zweite, denn bereits zuvor hatten die Amerikaner in Hiroshima ihre militärische Überlegenheit auf schreckliche Weise bewiesen. Hiroshima hat den japanischen Kaiser und das Kriegskabinett zu der Überzeugung gebracht, daß der Krieg endgültig verloren war. Nagasaki zwang zu raschem Handeln. Ganz Japan hielt den Atem an, als der Tenno die bedingungslose Kapitulation im Radio verkündete. Eine Nation, die nie besiegt worden war, mußte ihre Niederlage einräumen. Die Atombombe beendete den Krieg. Die Folgen der Atombombe waren furchtbar. Ein Augenzeuge und Opfer war der Arzt Dr. Takashi Nagai.

Der 1908 in Izumo geborene Röntgenfacharzt und Professor der Medizin war 1934 katholisch geworden. Er erhielt in der heiligen Taufe den Namen Paul. Die Christen von Nagasaki hatten ihn mit ihrer Frömmigkeit und ihrer Hilfsbereitschaft überzeugt. Der christliche Glaube wurde im 16. Jahrhundert durch Jesuiten und Franziskaner nach Nagasaki gebracht. Trotz aller Verfolgungen, trotz zahlreicher Märtyrer überlebte der Glaube. Der Rosenkranz bedeutete diesen Christen viel. Anhand des Rosenkranzes hatten ihnen die Missionare die Grundwahrheiten des Glaubens erklärt. Sie konnten während der Verfolgungszeiten weder die heilige Messe besuchen noch die Sakramente empfangen, die von einem Priester gespendet werden, aber sie konnten ihre Sünden bereuen und vor allem konnten sie beten. Der Rosenkranz wurde ihr Begleiter. Diese Glaubenstreue der Christen von Nagasaki beeindruckte Dr. Nagai. Nagasaki mit seinen 4000 Katholiken war die größte Gemeinde in Japan. Besonders stolz war man auf die Kathedrale und ihren 50 Meter hohen Turm. Zwar durfte man die Glocken seit dem Krieg gegen China nicht mehr läuten, aber man hoffte auf ein baldiges Ende des Krieges. Die Amerikaner flogen immer häufiger über Japan und warfen sehr gezielt ihre Bomben ab.

Als am 9. August 1945 die Alarmsirenen aufheulten, suchte man sich in Sicherheit zu bringen. Dr. Nagai veranlaßte die Evakuierung der Röntgenabteilung. Da fiel auch schon die Bombe. Sie ging im Stadtteil Urakami nieder. Hier lebten die meisten Christen. Hier stand die Kathedrale. Der Druck, der von der Explosion der Bombe ausging, war derart, daß alle Menschen im Umkreis von einem Kilometer sofort starben. Häuser stürzten in sich zusammen. Die Kathedrale wurde zur Ruine. Die Glocken stürzten vom Turm. Erstaunlicherweise überstanden sie das Inferno. Dr. Nagai sah darin ein Zeichen der Hoffnung. Seinem Buch, in dem er die furchtbaren Folgen der Atombombe beschrieb, gab er deshalb den Titel: „Die Glocken von Nagasaki". Eine einzige Bombe führte zu Tausenden von Toten und abertausenden Menschen, die durch die Strahlen zu Siechtum und Tod verurteilt waren. Dr. Nagai hat in dem Inferno seine Frau verloren, seinen Mitarbeiterstab, seine wissenschaftlichen Arbeiten. Seine beiden Kinder haben überlebt, er selbst aber hat so große Strahlenschäden erlitten, daß er jahrelang ans Bett gefesselt war. Die Zeit, die ihm noch blieb, suchte er zu nützen, um gegen den atomaren Krieg zu kämpfen und für den Frieden einzutreten. Bis zu seinem Tod veröffentlichte er 16 Bücher, die sein Anliegen unter die Leute bringen sollten. Sie wurden nicht nur in Japan gelesen, sondern auch in Amerika und England, in Frankreich und Portugal. Es erschienen auch deutsche Übersetzungen.

Der japanische Kaiser kam nach Nagasaki und besuchte Dr. Nagai. Papst Pius XII. dankte dem Arzt für seinen Einsatz für den Frieden und für sein Glaubenszeugnis. Mit seinem Segen ließ er ihm einen Rosenkranz übermitteln. Er hat ihn bis in die Stunde seines Todes am 1. Mai 1951 begleitet. Inzwischen steht die Kathedrale wieder und die Glocken rufen zum Gebet. Das Leben pulst durch die moderne Großstadt, aber am 9. August jeden Jahres ruht der Verkehr, schließen die Geschäfte und Nagasaki gedenkt der Opfer der Atombombe. Die Glocken von Nagasaki aber hören nicht auf, zum Gebet für den Frieden einzuladen.

Der Dichter
mit dem Rosenkranz

Reinhold Schneider als Beter

Im Hause des Baden-Badener Hoteliers Schneider war das Beten nicht zu Hause. Der Vater gehörte der evangelischen Kirche an und die Mutter der katholischen. Die Kinder ließ man katholisch taufen, aber für eine tiefergehende religiöse Erziehung hatte man keine Zeit. Das Hotel „Meßmer", in dem Kaiser und Fürsten, Millionäre und Generäle abstiegen, forderte den ganzen Einsatz des Besitzers und des Personals. Der schulische Religionsunterricht vermochte das sensible Kind nicht zu begeistern, wohl aber die Gottesdienste, ganz gleich ob es stille Messen waren oder festliche Hochämter.

Sein innerer Weg führte Reinhold Schneider in den Nihilismus. Er erlebte den Verlust des Elternhauses. Der Vater zerbrach an dem Schicksalsschlag und nahm sich das Leben. Er selber war auf der Suche. Nach dem Abitur machte er ein landwirtschaftliches Praktikum. 1921 bedeutete das ein Stück Überlebenswillen. Besonders befriedigt hat ihn diese Aufgabe nicht. Er begann zu schreiben. Die ersten Gedichte wurden gedruckt. Davon konnte man freilich nicht leben. In Dresden erhielt er die Stelle eines Übersetzers. Briefe nach Frankreich und England, nach Spanien und Italien galt es zu übersetzen, ebenso die eintreffende Geschäftspost. Den Büroalltag empfand er als Fronarbeit. Mit einem Selbstmord wollte er sich aus der Sinnlosigkeit seines Daseins befreien. Der Selbstmordversuch mißlang. Aus der Tretmühle des Alltags im Büro floh er nun in seine Träume. Er dichtete. Er versuchte sich als Erzähler.

1928, inzwischen 25 Jahre alt, begab er sich auf Reisen. Portugal und Spanien beeindruckten ihn zutiefst. Die katholische Prägung dieser Länder wie auch Italiens ließen ihn nach dem Glauben fragen. Er versuchte die Tradition zu verstehen. Immer häufiger fand er den Weg in die Kirche. Er verweilte. Er schaute. Er begann das Gespräch mit Gott, das irgendwann in Jugendtagen abgerissen war. Er griff nach der Bibel und fand Antwort auf seine Fragen. Es wurde ihm allmählich zum Bedürfnis, die heilige Messe zu besuchen. Allerdings wagte er sich nicht zu den Sakramenten. Schließlich pochte er an eine Klosterpforte und fragte den Pförtner, ob er ihm nicht beim Beichten helfen könne. Dies war der entscheidende Schritt. Am Neujahrstag 1939 empfing er erstmals wieder die heilige Kommunion und war überglücklich. Er hatte den Glauben wieder gefunden und wurde nun in den folgenden Kriegsjahren für viele zum Tröster und geistlichen Begleiter.

Bei seinem Weg zurück zur Kirche hat er den Rosenkranz entdeckt. Er sagt vom Rosenkranz: „Er bedarf keiner Rechtfertigung. Ein echtes Gebet kann man nicht erklären ... Ein Gebet erschließt sich nur im Beten, so wie das Geheimnis der Kirche, des mystischen Leibes unseres Herrn, nur von den lebendigen Gliedern dieses Leibes erfahren wird ... Das Gebet erhebt uns ins Große ... Das Gebet ist der Weg zur Einheit ... Der Rosenkranz ist ein Gebet, das sich wiederholt, indem es sich wiederholt, wird es tiefer, reiner ... Die höchste Not will das größte Gebet, und der Christ wird seine Feinde nur besiegen, wenn er sie retten will." So kann nur schreiben, wer von der Kraft des Rosenkranzes überzeugt ist. Das Sonett „Allein den Betern kann es noch gelingen" ging in den Tagen des Zweiten Weltkrieges von Hand zu Hand. Es wurde immer wieder abgeschrieben und vervielfältigt, ebenso wie andere Gedichte und Betrachtungen Reinhold Schneiders. Immer wieder griff er historische Themen auf, aus denen man durchaus Bezüge zur Gegenwart lesen konnte. Er gehörte zu den inneren Emigranten, die sich als „Sanitäter" für die Soldaten und alle andern Kriegsgeschädigten verstanden.

Von Reinhold Schneider stammt auch eine Betrachtung zum Rosenkranzmonat, die er während des Krieges verfaßt hat und die erst nach dem Krieg im Druck erscheinen konnte. „Der Priester im Kirchenjahr der Zeit" hat er den 1946 veröffentlichten Sammelband überschrieben. Es handelt sich um kleine, tiefgehende Beiträge zum Kirchenjahr. Betrachtungen im wahrsten Sinne des Wortes. Reinhold Schneider verstand sich als Dichter mit prophetischem Auftrag, dies nicht nur während der Nazidiktatur, sondern auch nach dem Krieg. Er war ein Mann des Friedens, deshalb ein Gegner der Wiederbewaffnung und der atomaren Verteidigung. Am 6. April 1958 starb er an den Folgen eines Unfalls. In Baden-Baden, seinem Geburtsort, liegt er begraben. Er hat ein reiches dichterisches Werk hinterlassen. Seine Gedanken zum Rosenkranz möchten einladen, die Kraft und den Segen dieses Gebetes zu entdecken. Reinhold Schneider spricht hier aus Erfahrung.

Ein Papst voller Überraschungen

Papst Johannes XXIII.

Als am 3. Juni 1963 Papst Johannes XXIII. starb, erschütterte diese Nachricht die ganze Welt. Mit 78 Jahren war der Patriarch von Venedig, Angelo Giuseppe Roncalli, zum Papst gewählt worden. Die Presse sprach von einem Übergangspapst, aber schon bald erlebte man einen Papst voller Überraschungen. Er ging ins Krankenhaus und ins Gefängnis. Er machte Reisen und vor allem: er berief das Zweite Vatikanische Konzil ein.

Alle waren beeindruckt von seiner Menschlichkeit und seinem Humor, von seiner Demut und seiner Herzlichkeit. Als ein neuernannter Bischof ihm klagte, daß er fast nicht mehr schlafen könne, so sehr belaste ihn die Verantwortung seines hohen Amtes, sagte ihm der Papst, so sei es ihm auch gegangen, nachdem ihn die Kardinäle zum Papst gewählt hätten. Da sei ihm ein Engel im Traum erschienen. Er habe zu ihm gesagt: „Angelo, nimm dich nicht so wichtig!" Seitdem könne er wieder ganz gut schlafen. Woher kam diese innere Ausgeglichenheit? Woher seine Menschlichkeit und seine Demut? Sein „Geistliches Tagebuch", das nach seinem Tod veröffentlicht wurde, berichtet, wie der Seminarist Roncalli, der junge Priester und Professor, Nuntius und Kardinal, zuletzt der Papst ein Leben lang um diese Tugenden gerungen hat. Sie sind dem Bauernbuben aus Sotto il Monte nicht in den Schoß gefallen. Die tägliche Gewissenserforschung spielte dabei eine ebenso große Rolle wie die regelmäßige Beichte und die jährlichen Exerzitien.

In seinem geistlichen Tagebuch kommt er immer wieder auf den Rosenkranz zu sprechen. Er gehört zu seinem Tagesablauf wie die heilige Messe und das Breviergebet. Es heißt nirgends, daß er den Rosenkranz vernachlässigt habe, sondern immer wieder kommt er darauf zu sprechen, er müsse beim Rosenkranz noch mehr bei der Sache sein. Es ging also Angelo Giuseppe Roncalli nicht anders als den meisten Menschen: die Gedanken schweiften ab. „Auch heute habe ich es beim Rosenkranzgebet an innerer Sammlung fehlen lassen. Auf diese Art gefalle ich der Muttergottes sicher nicht", schreibt er am 21. Juli 1898 als 17jähriger in sein Tagebuch. Der Rosenkranz war sein treuer Begleiter auf dem schwierigen Posten als Apostolischer Visitator in Bulgarien. Im Staatssekretariat in Rom hielt man ihn nicht für einen besonders glänzenden Diplomaten. 1934 wurde er Apostolischer Delegat für die Türkei und Griechenland. Wie in Bulgarien bemühte er sich, die jeweiligen Sprachen zu erlernen, um auch mit den einfachen Menschen reden zu können. Während des Krieges konnte er einiges zur Rettung von Juden bewirken. Die Begegnung mit der Orthodoxie in Bulgarien und Griechenland ließ ihn um die Einheit der Christen beten, aber auch Überlegungen anstellen, welcher Weg zur Einheit führen könnte.

Die Berufung des 63jährigen Erzbischofs als Nuntius nach Paris im Jahre 1944 kam für Roncalli völlig überraschend. Auf ihn wartete eine äußerst schwierige Aufgabe. De Gaulle machte den französischen Bischöfen zum Vorwurf, sie hätten sich der deutschen Besatzungsmacht nicht nachdrücklich genug widersetzt, abgesehen von einigen Ausnahmen, die in deutsche Konzentrationslager gekommen waren. Dem Nuntius gelang eine Lösung, der auch de Gaulle zuzustimmen bereit war. In Chartres kam es mit Unterstützung des Nuntius zur Gründung eines Priesterseminars für kriegsgefangene deutsche Theologiestudenten. Auch das Experiment der Arbeiterpreister fand seine Unterstützung. Er war bereits 72, als er das Amt des Patriarchen von Venedig übernahm und endlich ganz als Seelsorger wirken konnte. Damals nahm er sich vor, täglich den ganzen Rosenkranz zu beten. Alle 15 Geheimnisse hat er täglich gebetet. In all der Hektik des bischöflichen Amtes bewahrte er sich diese Zeit des betrachtenden Gebetes. Diese Gewohnheit war ihm so lieb geworden, daß er sie auch als Papst, trotz eines übervollen Teminkalenders, nicht aufgegeben hat. 1961 schreibt er in sein Tagebuch: „Die treue Einhaltung meiner religiösen Übungen beglückt mich: Brevier, Gebet und Betrachtung des dreifachen Rosenkranzes ..." Johannes XXIII. hat mit einem unvorstellbaren Gottvertrauen neue Wege eröffnet. „Wer glaubt, der zittert nicht", das ist ein Wort von ihm. Das Rosenkranzgebet ließ ihn mit Maria auf Gott vertrauen, auf Jesus schauen und sich dem Wirken des Heiligen Geistes überlassen.

Der Glaube gab Halt und Zuversicht

Österreichs Bundeskanzler Julius Raab

Als Österreich 1955 wider alles Erwarten einen Staatsvertrag von den Siegermächten erhielt und damit das Ende der alliierten Besatzung erreicht wurde, war dies dem Verhandlungsgeschick von Bundeskanzler Julius Raab und seines Außenministers Leopold Figl zu verdanken. Beide aber betonten immer wieder, daß ihr Land seine Freiheit durch die besondere Fürsprache der Gottesmutter erlangt habe. Beide waren Rosenkranzbeter, aber nicht nur sie allein, sondern in ganz Österreich hatte man um den Frieden gebetet und vor allem auf den Abzug der Russen gehofft.

Bundeskanzler Raab, der auf Grund seiner religiösen Grundhaltung nie zu den Anhängern Hitlers gehört hatte, stand an der Spitze von vier Regierungen der Zeit nach dem Zweiten Weltkrieg. Er konnte die Währung stabilisieren und einen Wirtschaftsaufschwung herbeiführen. In seiner Regierungszeit wurde nahezu die

Vollbeschäftigung erreicht. Seine Bescheidenheit war sprichwörtlich. Er war der Bundeskanzler mit der Virginia, der zwischendurch das Bundeskanzleramt verließ, um sich bei einer Tasse Kaffee im benachbarten Kaffeehaus zu unterhalten. Die Akten waren wichtig, aber noch wichtiger waren ihm die Menschen Aus seiner religiösen Überzeugung machte er nie ein Hehl. Wenn er auf dem Weg in sein Büro war, konnte es sein, daß er den Chauffeur an einer Kirche anhalten ließ, um dort kurz zu verweilen. Meistens betete er ein Gesätzchen vom Rosenkranz in den Anliegen, die ihn gerade beschäftigten. Obwohl Bundeskanzler Raab so erfolgreich war, schickte ihn die ÖVP mit 70 Jahren in den Ruhestand. Zwei Jahre später trat, er von Krankheit gezeichnet, auf Wunsch seiner Parteifreunde von der ÖVP noch als Kandidat für das Amt des Bundespräsidenten an. Er verlor die Wahl und wenige Monate später starb der Politiker, der für Österreich die Freiheit errungen hatte.

In seinem Testament bat er um Nachsicht für manches ungute Wort und um Verzeihung, wenn er jemand gekränkt haben sollte. Um Verzeihung bittet er auch seine politischen Gegner. Er fährt dann fort: „Der schönste Freundschaftsdienst, den mir jemand erweisen kann, ist ein stilles andächtiges Gebet. Ich hoffe, daß mir der Herrgott ein gnädiger Richter sein wird und die Gottesmutter eine gütige Fürbitterin." Am Ende seines Testamentes legt dieser große Politiker noch ein Bekenntnis seines Glaubens ab: „Und nun leb wohl, schöne Welt. Ich fürchte den Tod nicht. Er ist Erlösung von der Erdenschwere, von der vergänglichen Materie, ein schöner Schritt dem wirklichen Endziel zu: Gott zu schauen und seine Herrlichkeit."

Bundeskanzler Julius Raab war nicht nur ein großer Politiker, sondern auch ein großer Mensch, wie sein Testament beweist. Sein tiefer Glaube hat ihm geholfen, die schwierigsten Zeiten österreichischer Geschichte unbeschadet zu überstehen und seinen Landsleuten nicht nur die Freiheit und den Wohlstand zu erkämpfen, sondern auch zu einem gesunden Selbstbewußtsein zu verhelfen. Ein Mann wie Julius Raab ist wie ein Leuchtturm, an dem sich auch spätere Generationen, nicht zuletzt Politiker, orientieren können.

Der Rosenkranz ist unser guter, unser bester Freund

Pater Joseph Kentenich – eine prophetische Gestalt

Als der kleine Joseph Kentenich am 18. November 1885 in Gymnich bei Köln das Licht der Welt erblickte, hielt sich die Freude in Grenzen, denn er war ein lediges Kind. Der Vater konnte sich nicht dazu durchringen, die zwanzig Jahre jüngere Mutter zu heiraten, obwohl kein Ehehindernis bestanden hätte. So wuchs der kleine Joseph bei den Großeltern auf, während die Mutter als Magd ihren Unterhalt verdiente.

Nachdem der Großvater gestorben war und die Großmutter sich mit der Erziehung des Kindes überfordert sah, blieb der Mutter nichts anderes übrig, als das Kind in ein Heim zu geben. Das fiel der Mutter nicht leicht. Sie führte Joseph in die Kapelle des Heims, kniete an der Statue der Gottesmutter nieder, nahm das goldene Kettchen vom Hals, das sie von ihrer Patin zur Erstkommunion erhalten hatte, und hängte es der Gottesmutter um, mit der Bitte, sich von jetzt an um ihr Kind zu kümmern. Dem achtjährigen Joseph prägte sich dies zutiefst ein. Er wußte sich zeitlebens in besonderer Weise Maria anvertraut. An ihrer Hand wollte er Jesus nachfolgen und den Willen des himmlischen Vaters geführt vom Heiligen Geist erfüllen. Das Waisenhaus war eine harte Schule für Joseph Kentenich. Mehrmals lief er davon, aber es gab für ihn keine andere Bleibe.

Mit 13 Jahren tat sich ihm die Möglichkeit auf, das Gymnasium der Pallottiner zu besuchen. Er hatte den Wunsch, Missionar zu werden. Er trat in den Orden und empfing 1910 in der Kapelle des Missionshauses Limburg die Priesterweihe. Die Mutter, die seinen Lebensweg mit ihrem Gebet begleitet hat, sagte zu ihm an diesem Tag: „Ich will dir auch weiterhin durch mein Gebet helfen." Pater Joseph Kentenich schrieb seine späteren seelsorglichen Erfolge wesentlich dem Gebet seiner Mutter zu. Der Orden setzte ihn als Latein- und Deutschlehrer in Schönstatt ein. Er scharte ideal gesinnte Schüler in der Marianischen Kongregation um sich. Eine kleine Kapelle mit dem Bild der dreimal wunderbaren Mutter wird zu ihrem Versammlungsort. Pater Kentenich begeisterte die Jugendlichen dafür, am 18. Oktober 1914 ein „Liebesbündnis" einzugehen, in dem sie sich der Gottesmutter weihen. Dies wurde zur Geburtsstunde der Schönstattbewegung. Selbstzucht und Selbstheiligung, Mitverantwortung in Kirche und Gesellschaft haben sie zum Ziel. Ein vertieftes religiöses Leben ist bleibendes Anliegen. Pater Kentenich empfiehlt den Rosenkranz: „Der Rosenkranz ist ein Mittel, aus unserem Leben ein Marienleben zu machen. Der Rosenkranz ist unser guter, unser bester Freund."

Von Schönstatt gehen viele Impulse aus, die Pater Kentenich initiert. Er ist der Motor der ganzen Bewegung. In Exerzitien und bei Vorträgen wirbt er für seine Ideen. Nach dem 1. Weltkrieg entstanden zahlreiche Schönstattheiligtümer. Begleitet der Pallottinerorden die Aktivitäten des rührigen Seelsorgers zunächst mit Wohlwollen, wachsen später die Vorbehalte. Als nach 1933 alle katholischen Verbände verboten wurden, hat die Schönstattbewegung ihren Zusammenhalt bewahrt. Unermüdlich predigte Pater Kentenich. Im September 1941 erfolgte die Verhaftung des Ordensmannes und die Einlieferung ins KZ Dachau. Die ganze Unmenschlichkeit des Naziregimes hatte er hier zu durchleiden. Er überlebte die Hölle von Dachau. Dies betrachtete er als Fügung, um weiter für die Sache Gottes und der Kirche wirken zu können. Inzwischen hatte sich sein

Werk nach Nord- und Südamerika ausgebreitet. Die deutschen Bischöfe beobachteten Pater Kentenich und Schönstatt mit zunehmender Sorge. Man ordnete eine Prüfung an, denn es waren verschiedene Vorwürfe laut geworden: Es werde eine überzogene Marienverehrung gepflegt. Es entstünden Strukturen unabhängig von den Bischöfen. Rom wurde eingeschaltet. Am Ende stand die Entscheidung, er müsse sich von seinem Werk zurückziehen. Man verbannte ihn nach Nordamerika. Sofort beugte er sich der Entscheidung. Alles legte er in Gottes Hände und wußte, daß Maria weitersorgen würde. Nach 14 Jahren im Exil durfte er wieder heimkehren. Alle Vorwürfe hatten sich als unhaltbar herausgestellt. Inzwischen hatte sich die Schönstattbewegung weitgehend von den Pallottinern gelöst, so daß auch Pater Kentenich den Orden verließ. Unermüdlich reiste er in den folgenden Jahren, um Menschen für Christus und seine Kirche zu begeistern. Am Fest der Schmerzen Mariens, den 15. September 1968, unmittelbar nach der Feier der heiligen Messe in der Anbetungskapelle von Schönstatt starb Pater Kentenich, eine prophetische Gestalt des 20. Jahrhunderts. Viel hat er gelitten, viel gebetet und viel bewirkt. Es ist die Geschichte vom Senfkorn, die sich hier erneut bewahrheitet hat.

Trost durch den Rosenkranz

Romano Guardini und seine Erfahrungen

Geboren in Verona als Sohn eines italienischen Kaufmanns wächst Romano Guardini zusammen mit drei Brüdern in Mainz auf. Nach dem Abitur ist er sich über seinen künftigen beruflichen Weg völlig unklar. Seine Interessen sind äußerst vielseitig. Sie reichen von der Chemie über die Philosophie bis hin zur Theologie. In einem Gespräch mit einem Freund wird ihm klar, daß man sein Leben für Gott einsetzen muß.

Immer wieder aber suchen ihn Zweifel heim. Von Freiburg im Breisgau aus macht er sich eines Tages auf nach St. Odilien, einem Wallfahrtsort. Auf dem Rückweg betet er den Rosenkranz. Er schreibt selbst: „Da löste sich die Not, ich wurde ruhig.. Es war meine erste wirkliche Begegnung mit diesem Gebet, das mich später so viel beschäftigen sollte. Von jener Stunde an habe ich an meinem Priesterberuf nie mehr gezweifelt." Der Rosenkranz wird ihm ein treuer Begleiter. Er begleitet ihn auf die Burg Rothenfels, wo er jungen Menschen zum väterlichen Freund, aber auch zum geistlichen Erzieher wird. Er erschließt ihnen den Reichtum der Liturgie und der Heiligen Schrift. Der Rosenkranz begleitet ihn nach Berlin. Dort war eigens für ihn der Lehrstuhl für katholische Weltanschauung und Religionsphilosophie geschaffen worden. Die Kollegen an der Universität haben ihn nicht gerade mit Wohlwollen aufgenommen, ganz im Gegensatz zu den Studenten. Die strömten in seine Vorlesungen. Sie kamen aus allen Disziplinen und Konfessionen, auch Leute, die mit Gott und der Kirche nichts anfangen konnten, zählten zu seinen Hörern.

Die Nationalsozialisten wußten um seinen Einfluß. Er verlor 1939 seinen Lehrstuhl. Guardini wurde arbeitslos. Wieder begleitete ihn der Rosenkranz. 1940 erschien das Büchlein „Der Rosenkranz unserer lieben Frau". Er schrieb im Vorwort: „Der Grundgedanke dieser Schrift ist vor über 30 Jahren entstanden, seitdem ist er mit mir gegangen, durch ein halbes Menschenleben." Er sagt vom Rosenkranz: „Der Rosenkranz ist etwas sehr Einfaches; so müßte man von ihm auch in der Weise der Einfachheit sprechen. Dem Leser müßte zumute sein, als würde er an der Hand genommen und in eine von stillem Leben durchatmete Welt geführt, in welcher ihm ernst, innig und hilfreich die

Gestalten des Glaubens begegnen. Dazu bin ich nicht imstande, so habe ich es mit Gedanken versucht. Mögen sie wenigstens wahr und nützlich sein." Das Büchlein haben viele gelesen. Es war ein Trostbüchlein in schwerer Zeit. Es half Soldaten und deren Eltern, es half jenen, die in die innere Emigration gegangen waren, es half den Verwundeten und den Angehörigen von Gefallenen.

Guardini bekam Schreib- und Redeverbot. Bei seinem Freund, Pfarrer Josef Weiger in Mooshausen bei Memmingen, fand er 1943 Zuflucht. Er arbeitete unentwegt und immer wieder griff er zum Rosenkranz. Er ließ ihn innerlich ruhig werden. Kaum war der Krieg zu Ende wurde er vom württembergischen Kultusminister Carlo Schmid nach Tübingen berufen. 1948 wechselte er nach München und sammelte bis 1962 eine große Hörerschar um sich. Das gleiche läßt sich von seinen Predigten sagen, die er Sonntag für Sonntag in St. Ludwig hielt. Ein immenses Werk entstand im Lauf der Jahre. Man zählt 1847 Titel.

In sein Tagebuch schreibt Guardini am 30. Mai 1953 wie sehr ihn das Asthma quält und fügt hinzu: „Umso mehr freut mich jetzt ein Rosenkranz, den ich gestern erworben habe: pastellblau, facettierte Perlen und schön graues Filligran." Im Herbst des gleichen Jahres notiert er: „Am Nachmittag habe ich mir die Sachen vom Juwelier geholt. Den Rosenkranz, den ich mir aus den Anhängern der buddhistischen Gebetsschnur habe machen lassen. Die Perlen sind mattblaues Emaille auf Silber. Die Vaterunser-Perlen sind aus Elfenbein. Ein merkwürdiges Gefühl: die buddhistische Gebetskette im Christlichen aufgenommen zu sehen – wie wenn ein alter Tempel zur Kirche wird." Welche Bedeutung er dem Rosenkranz beimaß, läßt sich auch daraus ersehen, daß er sich einen goldenen Rosenkranz von einem Juwelier anfertigen ließ: „Ich wollte etwas Reines ganz kostbares haben." Die letzten Jahre seines Lebens waren überschattet von fast unerträglichen Nervenschmerzen. Auch hier war es wieder der Rosenkranz, der ihm half, sein Leiden anzunehmen. Am 1. Oktober 1968 – im Rosenkranzmonat – starb Romano Guardini im Alter von 83 Jahren. In der Münchner Universitätskirche St. Ludwig, in der er jahrzehntelang den Gottesdienst gefeiert und auf der Kanzel seine berühmten Predigten gehalten hat, befindet sich seine letzte Ruhestätte.

Ein lesenswerter Brief

Patriarch Albino Luciani verteidigt den Rosenkranz

Der Patriarch von Venedig, Albino Kardinal Luciani, hat regelmäßig für eine Zeitung Beiträge geschrieben. Seine Briefe an berühmte Menschen wurden ein Bestseller. Mit großem Einfühlungsvermögen hat er die positiven Seiten ihres Wesens erfaßt, ihre Schwächen nicht ausgespart und auf diese Weise unaufdringliche Ratschläge für die eigene Lebensgestaltung gegeben. Als Albino Luciani 1978 zum Papst gewählt wurde, hat er als Johannes Paul I. von Anfang an die Herzen der Menschen gewonnen. Bei den Generalaudienzen hielt er kurze Katechesen, die sich durch Anschaulichkeit und Lebensnähe auszeichneten. Johannes Paul I. schätzte seit Kindheitstagen den Rosenkranz. Es wundert einen deshalb nicht, daß er als Patriarch von Venedig auch einen Brief über den Rosenkranz geschrieben hat. Dieser Brief ist nicht an eine Berühmtheit geschrieben worden, sondern an jene, die alles mögliche gegen das Rosenkranzgebet einzuwenden haben.

An den Anfang des Briefes stellt er alle Kritikpunkte, die er kennt, um sie dann im Hauptteil zu entkräften. Zunächst stellt er ganz einfach fest, daß wir in einer Glaubenskrise stehen und uns deshalb das Beten schwerfällt. Beim Rosenkranz muß man verweilen. Man muß sich Zeit nehmen. Wir haben für alles mögliche Zeit, nur für das Beten bleibt keine Zeit. Das ist schade. Mehr noch meint Kardinal Luciani: „Es ist ein Schaden." Man könnte umgekehrt sagen: Das Beten des Rosenkranzes ist ein Segen.

Den Vorwurf, der Rosenkranz sei ein kindisches Gebet, kann man bei uns im deutschsprachigen Raum nicht hören. Er wird in Italien gemacht. Hier nehmen die Großmütter ihre Enkel mit zum Rosenkranz. Sie lernen ihn von klein an. Sie lernen ihn gewissermaßen auf dem Schoß der Oma. Jugendliche und Erwachsene sehen deshalb oft nicht die Notwendigkeit, dieses Gebet zu pflegen. Das religiöse Leben wird vernachlässigt. Man kommt sich so groß vor, so erhaben über solche Dinge. Dabei wäre es gut, beim Beten wieder zum Kind zu werden. Sich so vertrauensvoll an die Mutter des Herrn zu wenden, wie man es als Kind getan hat. Wer dies tut, wird auch die Geborgenheit erfahren dürfen, die uns die Gottesmutter zu schenken vermag.

Was aber ist von den ständigen Wiederholungen beim Rosenkranz zu halten? Hier zitiert der

Kardinal Charles de Foucauld, der sagt: „Die Liebe drückt sich in wenigen Worten aus, immer mit den gleichen, die sich wiederholen." Er fügt noch eine Begebenheit hinzu, die er bei einer Bahnfahrt erlebt hat. Das Zwiegespräch zwischen einer Mutter und ihrem Kind bestand lediglich aus zwei Worten: „Mama" und „Liebling". Wenn man gar ins Feld führt, das Lesen der Heiligen Schrift sei wichtiger als den Rosenkranz zu beten, dann vergißt man, daß der Rosenkranz nichts anderes ist als die Meditation der Heiligen Schrift. „Langweilig" nennt nur der den Rosenkranz, der ihn nicht betet, denn sonst würde er rasch spüren, wieviel innere Freude und Kraft von diesem Gebet ausgeht. In schweren Stunden aber gibt er Trost und neuen Lebensmut. Albino Luciani ist abschließend der Meinung, der Rosenkranz sei das Gebet der Demütigen und Bescheidenen. Nichts aber zählt vor Gott mehr als Demut und Bescheidenheit.

Der Patriarch empfiehlt, den Rosenkranz für die Familien wieder zu entdecken. Ich habe meine Zweifel, ob die Venezianer dieser Empfehlung gefolgt sind. Daß ein Segen davon ausgeht, daran besteht kein Zweifel. Der Schriftsteller Louis Veuillot jedenfalls sagt von sich, am Anfang seiner Bekehrung sei das Erlebnis gestanden, wie eine römische Familie, bei der er zu Gast war, abends zum Rosenkranz niedergekniet sei.

Ein Glaubenszeuge

Bischof Boleslaus Sloskans

Papst Johannes XXIII. grüßte bei der Eröffnung des Zweiten Vatikanischen Konzils ganz besonders herzlich jene Bischöfe, die als Märtyrer Zeugnis für die christliche Botschaft abgelegt hatten. Sie hatten oft Jahre in Konzentrationslagern und Gefängnissen verbracht. Sie waren schrecklich mißhandelt worden und hatten Folterungen überlebt. Einer von ihnen war der aus Lettland stammende Bischof Sloskans.

Als Boleslaus Sloskans 1893 im lettischen Tilgale geboren wurde, gehörte Lettland zum russischen Zarenreich. Nach Abschluß seiner Studien in St. Petersburg empfing er am 21. Januar 1917 die Priesterweihe. Im Herbst bei der Oktoberrevolution kamen die Bolschewisten an die Macht. Sofort setzte eine Kirchenverfolgung ein. Der Religionsunterricht wurde verboten, Kirchen geschlossen, Bischöfe und Priester verhaftet. Der junge Priester mußte sofort in Petrograd die Pfarrei übernehmen. Die Bedingungen waren hart, aber Sloskans entging sämtlichen Verfolgungswellen. Dies hat neben seinem seelsorglichen Eifer eine Rolle gespielt, als Michel d'Herbigny, der 1926 von Nuntius Eugenio Pacelli in Berlin bei völliger Geheimhaltung zum Bischof geweiht worden war, ihn 1926 mit 33 Jahren in Moskau zum Bischof weihte.

Er wurde zum Apostolischen Vikar der Diözesen Mohilev und Minsk in Weißrußland ernannt. Die Geheimpolizei war ihm sehr rasch auf der Spur, denn er ging auf Reisen, um zu firmen. Es dauerte nicht lange und es erfolgte die Verhaftung von Bischof Sloskans. In der Untersuchungshaft wurde er aufs brutalste mißhandelt und dann zu drei Jahren Zwangsarbeit im Archipel Solovki verurteilt. Tagtäglich betete er den Rosenkranz. Der gab ihm die Kraft, seinen Peinigern zu verzeihen und für sie zu beten. Die Arbeit war schwer, das Essen unzureichend, die Behandlung unmenschlich. Schließlich gelang es den inhaftierten Priestern, einen Raum zur Kapelle umzufunktionieren. Als Kelch diente ein Marmeladeglas und als Patene eine Konservendose. Die Meßtexte betete Bischof Sloskans auswendig. 1929 wurde er auf die Insel Anser verlegt und 1930 freigelassen.

Die Freiheit währte nicht lange. Bereits vier Tage später wurde er erneut verhaftet und nach Sibirien verbannt. In einem Wäldchen feierte er die heilige Messe ganz allein und doch mit der ganzen Kirche verbunden. Seinen Lebensunterhalt verdiente er mit dem Knüpfen von Fischernetzen. Auch hier war es der Rosenkranz, der ihn täglich begleitete. Völlig überraschend wurde er 1932 nach Krasnojarsk verlegt. Er sollte gegen einen sowjetischen Spion von der lettischen Regierung ausgetauscht werden. Bischof Sloskans wollte die Sowjetunion nicht verlassen, aber es wurde ihm mitgeteilt, es sei der Wunsch Papst Pius' XI. Daraufhin willigte er in das Austauschverfahren ein. 1933 konnte er nach Riga ausreisen und nachdem er wieder zu Kräften gekommen war, führte ihn der Weg nach Rom.

Die nächsten Jahre verbrachte Bischof Sloskans in Riga als Theologieprofessor. 1944 kam er nach Eichstätt und 1947 übersiedelte er nach Belgien. Hier betreute er lettische Theologiestudenten, die an der Universität Löwen studierten. Er sah es als seine Hauptaufgabe an, für die Bekehrung Rußlands zu beten. Immer wieder griff er zum Rosenkranz. Die Schwestern, bei denen er die letzten Monate seines Lebens verbrachte, sagten von ihm: „Immer trug er den Rosenkranz in der Hand." Am 18. April 1981 starb Bischof Boleslaus Sloskans in Duffel (Belgien), während die Schwestern das Salve Regina sangen. 1993 wurde er umgebettet und ruht seitdem in der Krypta des lettischen Wallfahrtsortes Aglona.

Als Österreich wieder frei wurde

Pater Petrus Pavlicek und die Macht des Gebetes

„Betet den Rosenkranz! Betet ihn um den Frieden in der Welt!" immer wieder rief der Franziskanerpater Petrus Pavlicek dazu auf. Er predigte in Österreich landauf und landab seit 1947. Daraus entstand eine religiöse Volksbewegung: der Rosenkranzsühnekreuzzug. Österreich war von den Alliierten besetzt. Der Kommunismus hatte die Tschechoslowakei und Ungarn in fester Hand. Drohte auch Österreich eine Teilung wie Deutschland?

Pater Petrus war davon überzeugt, daß das inständige Gebet vieler den Frieden für Österreich erflehen könne. Bischöfe und Politiker schlossen sich der Gebetsgemeinschaft an. Ganze Pfarreien beteten in diesem Anliegen. Am 15. Mai 1955, zehn Jahre nach Kriegsende, war es so weit. Der Staatsvertrag zwischen Österreich und den Alliierten wurde unterzeichnet. Österreich war wieder frei. Die Besatzungstruppen zogen alle ab. Der gottfeindliche Atheismus, den die Kommunisten propagierten, schien aber auf der ganzen Welt im Vormarsch. Pater Pavlicek war der festen Überzeugung, daß es den Betern gelingen würde, mit friedlichen Mitteln die kommunistische Diktatur Moskaus zu überwinden. Er hat den Fall der Mauer und den Zusammenbruch der Sowjetmacht nicht mehr erlebt. Am 14. Dezember 1982 starb er im Alter von 80 Jahren in Wien.

In Innsbruck hat er am 6. Januar 1902, dem Dreikönigstag, das Licht der Welt erblickt und wurde auf den Namen Otto Augustin getauft. Nach dem Abitur wandte er der Kirche den Rücken. In Österreich gab es damals eine antikirchliche Bewegung, die zum Kirchenaustritt aufrief. Pavlicek erklärte seinen Austritt aus der katholischen Kirche. Er wurde Soldat. Später widmete er sich der Malerei. Er studierte in Breslau, Paris und London. Schließlich heiratete er. Die Ehe wurde bereits nach einem Jahr wieder geschieden. Pavlicek war am Ende. Er erkrankte schwer. Inzwischen 31 Jahre alt, fragte er sich nach dem Sinn seines Lebens. Beim Besuch einer Prager Kirche fühlte er sich von einem Herz-Jesu-Bild besonders angesprochen. Mit kindlichem Vertrauen betete er: „Jesus ich liebe dich. Ich möchte dich aber noch viel mehr lieben." Da vernahm er in seinem Inneren eine Stimme, die zu ihm sagte: "Wenn du mich noch mehr lieben willst, dann mußt du zu meiner Mutter gehen." Am Ausgang der Kirche befand sich eine Muttergottesstatue. Hier betete er: „Muttergottes, dein Sohn schickt mich, daß du mich lehrst, ihn noch mehr zu lieben." Zwei Jahre später kehrte er in den Schoß der Kirche zurück und hatte immer stärker den Wunsch, Priester zu werden. Freilich, mit seinem Vorleben wollte ihn kein Orden aufnehmen. Er besuchte Therese Neumann in Konnersreuth und fragte sie um Rat. Sie gab ihm zur Antwort: „Es ist höchste Zeit, daß Sie Priester werden."

Die Prager Franziskaner nahmen ihn 1937 auf und 1941 empfing er die Priesterweihe. Als Sanitäter geriet er 1944 in amerikanische Kriegsgefangenschaft. Nach seiner Entlassung konnte er nicht mehr nach Prag zurückkehren. Die Deutschen wurden aus der Tschechoslowakei vertrieben. So kam er nach Wien. Er wurde Seelsorger für die heimatvertriebenen Sudetendeutschen. Er erlebte die ganze Not der Menschen, die alles verloren hatten, hautnah mit. Bei einer Wallfahrt nach Mariazell 1946 hörte er eine innere Stimme: „Tut doch, was ich euch sage, und es wird Friede sein." Dies bewegte Pater Pavlicek, die Botschaft von Fatima aufzugreifen und nachdrücklich für das Rosenkranzgebet zu werben. Die Oberen stellten ihn für die Aufgabe sozusagen in allerhöchstem Auftrag frei. Er predigte, gab Exerzitien, hielt Einkehrtage und warb unermüdlich. Mehr als eine Million Rosenkranzbeter verbindet bis zum heutigen Tag das gleiche Anliegen: das Gebet um den Frieden in der Welt. Als er seine Kräfte schwinden spürte, legte er die Leitung der Gebetsgemeinschaft in jüngere Hände, denn das Gebet um den Frieden sollte auch nach seinem Tod weitergehen. Er hatte es selbst erfahren, welche Kraft von diesem Gebet ausgeht.

Der Rosenkranz hat mir geholfen

Das Bekenntnis von Rose Kennedy

Eine der großen Frauen des 20. Jahrhunderts war Rose F. Kennedy, die Mutter des amerikanischen Präsidenten John F. Kennedy. Die Tochter des Bürgermeisters von Boston, John Francis Fitzgerald, heiratete den jungen Millionär Joseph Patrick Kennedy. Sie bemühten sich, ihre Kinder gut zu erziehen. Sie erzählt selbst, daß sie ihren Kindern dann und wann den Hintern versohlt hat, „wenn sie es brauchten". Ein großes Anliegen war es ihr, den Kindern den Glauben mit auf ihren Lebensweg zu geben, damit sie allen Krisen gewachsen sein sollten.

Rose Kennedy hat alle Höhen erlebt. Ihre Kinder waren hochbegabt und voller Ehrgeiz. Sie machten Karriere beim Militär und in der Politik. Ihr Mann war mehrere Jahre amerikanischer Botschafter in London. Aber ihr blieben auch Schicksalsschläge nicht erspart. Tochter Rosemary war nach einer Operation schwerstbehindert. Der älteste Sohn Joseph fiel im Zweiten Weltkrieg. John F. Kennedy hatte ein Kriegsverletzung und mußte ständig ein Korsett tragen. Er wurde ebenso wie sein Bruder Robert von Attentätern erschossen. Tochter Kathleen kam bei einem Flugzeugabsturz ums Leben. Sohn Edward wurde bei einem Flugzeugabsturz schwer verletzt. Noch viele weitere Schicksalsschläge trafen Rose F. Kennedy, bis sie im Alter von 104 Jahren am 22. Januar 1995 starb.

Man fragt sich, wie diese Frau das alles verkraftet hat, ohne in tiefste Depressionen zu verfallen und am Leben zu verzweifeln. Sie selbst hat in einem bewegenden Interview die Antwort darauf gegeben: „Der Rosenkranz hat mir geholfen, ein Leben in der Liebe zu Gott und zum Nächsten zu führen. Für manche mag der Rosenkranz ein bedeutungsloses Symbol sein, eine Kette, mit der sie nicht viel anfangen können. Aber wenn ich nicht schlafen konnte, wenn ich im Flugzeug saß und mir Sorgen machte oder wenn ich verzweifelt über den Gesundheitszustand meiner Tochter Rosemary war – und den Rosenkranz betete, tröstete es mich. Ich faßte neues Vertrauen. Immer habe ich nach dem Rosenkranz gegriffen, auch in den Augenblicken der Freude, die mich mit Dankbarkeit erfüllten."

Rose Kennedy hat oft ihren Freunden, wenn sie mit Problemen nicht fertig wurden, einen Rosenkranz geschenkt und gesagt: „Vertraue dich Maria an. Sie wird dir helfen. Sie läßt dich nicht im Stich. Ich habe diese Erfahrung gemacht. Du wirst die gleiche Erfahrung machen, wenn du den Rosenkranz betest." Rose Kennedy hat mit ihren Kindern und Enkeln den Rosenkranz gebetet und später hat sie ihn für sie gebetet, für die Lebenden und die Verstorbenen. Der Rosenkranz gehörte zum Leben dieser großen und starken Frau, die aus dem Glauben lebte und den Glauben weiterzugeben versuchte. Ihr Sohn John F. Kennedy war der erste katholische Präsident der Vereinigten Staaten von Amerika. Niemand hatte geglaubt, daß ein Katholik dieses höchste Amt im Staat erreichen könnte. Rose Kennedy hatte allen Grund, stolz zu sein und doch blieb sie eine Mutter, die mit ihrem Gebet die Arbeit ihres Sohnes begleitete, die durch den Mord von Dallas ein jähes Ende fand. Zurück blieb eine Mutter, die ihrem Sohn, wie allen ihren Kindern, die vor ihr starben, im Gebet nahe war und ihnen verbunden blieb.

Der Rosenkranz aus Lettland

Kardinal Franz König über den Rosenkranz

Kurz vor seinem Tod gab der hochbetagte Kardinal Franz König von Wien dem österreichischen Fernsehen noch ein Interview. Er konnte auf ein reiches, erfülltes Leben zurückblicken. Er gehörte zu den großen Weichenstellern seiner Zeit. Seelsorger und Wissenschaftler wollte er sein. Der sprachbegabte Theologe gab gerade ein Standardwerk über Religionsgeschichte heraus, als er zum Koadjutor des Bischofs von St. Pölten berufen wurde.

Wenige Jahre später wurde er Oberhirte des Erzbistums Wien. 1958 hat ihn Papst Johannes XXIII. ins Kollegium der Kardinäle aufgenommen. Während des II. Vatikanischen Konzils übte der Wiener Erzbischof als Moderator neben Kardinal Julius Döpfner, Kardinal Suenens und Kardinal Lercaro eine Schlüsselfunktion aus. Papst Johannes XXIII. und später Papst Paul VI. war es ein besonderes Anliegen, daß der sprachbegabte österreichische Kardinal Kontakte zu den Bischöfen in den Ländern des Ostblocks hielt. Zahlreiche Reisen führten ihn nach Polen, in die CSSR, nach Ungarn und Jugoslawien. Er wurde auch eingeschaltet, um Kardinal József Mindszenty, den ungarischen Primas, zu bewegen, die amerikanische Botschaft zu verlassen und sich ins Ausland zu begeben. Er knüpfte darüber hinaus Kontakte zum Patriarchen von Moskau. Auf dem Weg zum Begräbnis von Kardinal Aloisius Stepinac verunglückte er sehr schwer, konnte sich aber wieder erholen. 1965 wurde ihm die Leitung des Sekretariates für die Nichtglaubenden anvertraut. Er nahm weltweit den Dialog mit den verschiedenen Religionen auf. Spöttische Zungen sagten, wer den Kardinal treffen wolle, solle auf den Flughafen von Wien-Schwechat gehen, dort treffe man den Erzbischof am sichersten. Mit den vielen Aufgaben war eben auch eine große Reisetätigkeit verbunden. Er gehörte immer auch zum Kreis derer, von denen gesagt wurde, er sei als nächster Papst vorstellbar.

Es wird davon gesprochen, daß Kardinal Franz König sich schon sehr früh für einen Papst aus dem Osten ausgesprochen und dabei den Erzbischof von Krakau Kardinal Karol Wojtyla ins Gespräch gebracht habe. Bis zu seinem 80. Lebensjahr hat er das Erzbistum Wien geleitet, unterstützt von seinen Weihbischöfen. Er war ein Oberhirte, der mit seinen überzeugenden Predigten und seinen wegweisenden

Hirtenbriefen den Glauben gestärkt hat. In manchen Kreisen nannte man ihn den „roten Erzbischof", weil er keine Berührungsängste mit den Sozialisten hatte. Ihm ging es nicht um Parteinahme, sondern um Überparteilichkeit der Kirche. Vieles konnte er auf diese Weise bewegen. Bei allem diplomatischen Geschick, das er besaß, bei allem theologischem Wissen, das er sich angeeignet hatte, war ihm immer klar, daß das Gebet mehr bewegt als alles andere. Die Rosenkranzbewegung von Pater Petrus Pavlicek hatte deshalb immer seine volle Unterstützung.

Als 1989 die Mauer fiel, die deutsche Wiedervereinigung kam und der Ostblock sich auflöste, war dies für den Kardinal ein großer Augenblick. Er war immer davon überzeugt gewesen, daß sich diese Unrechtsregime nicht auf Dauer halten können, aber daß er es selber noch erleben durfte, daß die kommunistische Diktatur zusammenbrach, erfüllte ihn mit großer Genugtuung. Daß die Kirche als Gebetsgemeinschaft dazu einen großen Beitrag geleistet hat, war für ihn offenkundig. Damals bekam er aus Litauen ein Päckchen mit einem Rosenkranz aus lauter Bernsteinperlen. Dem Päckchen lag ein Brief bei: „Diesen Rosenkranz sende ich Ihnen zum Dank für all Ihre Bemühungen um die Befreiung von der kommunistischen Diktatur." Der greise Kardinal nahm bei dem Interview den Rosenkranz aus seiner Jackentasche und sagte: „Täglich bete ich den Rosenkranz. Als Kind habe ich ihn beten gelernt. Als Jugendlicher hatte ich weniger Zugang zu ihm, aber je älter ich wurde, umso lieber habe ich ihn gebetet. Wenn ich den Bernsteinrosenkranz in der Hand halte, dann denke ich voll Dankbarkeit an die Fügungen Gottes, die ich in meinem langen Leben erfahren durfte."

Der Rosenkranz war sein Lieblingsgebet

Papst Johannes Paul II.

Nach seiner Wahl zum Papst sagte Johannes Paul II. in der Generalaudienz am 29 Oktober 1978: „Der Rosenkranz ist mein Lieblingsgebet. Er ist ein wunderbares Gebet, wunderbar in seiner Schlichtheit und in seiner Tiefe." Der Rosenkranz hat Karol Wojtyla von Kindheit an begleitet. Mit Vater und Bruder hat er ihn zu Hause gebetet. Der frühe Tod der Mutter ließ ihn die Hand Mariens ergreifen. An ihrer Hand wollte er durchs Leben gehen. Mit Maria wollte er auf Jesus hören. Mit Maria wollte er den Willen Gottes annehmen. Mit Maria wollte er sich der Führung des Heiligen Geistes anvertrauen.

Immer wieder betrachtete der Student, der Priester, der Bischof und Kardinal die Geheimnisse des Rosenkranzes. „Totus tuus" – Ganz dein eigen –, so schrieb er in sein Wappen, das ein großes Kreuz und ein darunter stehendes „M" zeigt. Mit Maria unter dem Kreuz, das war sein Lebensprogramm. Papst geworden hat er unzähligen Menschen bei Privataudienzen einen Rosenkranz geschenkt. Das sollte nicht nur ein Andenken an die Begegnung mit dem Papst sein, sondern ein Anstoß, mit dem Papst in den Anliegen der Kirche und der Welt zu beten. Mehrfach äußerte er den Wunsch, daß der Rosenkranz in den Familien gebetet wird. In seiner polnischen Heimat ist das tief verwurzelt. Im Oktober 2002, dem Rosenkranzmonat, rief er ein Rosenkranzjahr aus, um alle Gläubigen einzuladen, dieses Gebet wieder zu entdecken und zu pflegen. Im Apostolischen Schreiben „Rosarium Virginis Mariae" verteidigte er den Rosenkranz gegen alle Kritik, um schließlich den drei bekannten Rosenkränzen einen vierten hinzuzufügen.

Neben der Betrachtung der freudenreichen Geheimnisse, der schmerzhaften und der glorreichen sollten die Jahre der öffentlichen Tätigkeit Jesu im „lichtreichen Rosenkranz" zur Sprache kommen. Bei seinen Rosenkranzbetrachtungen hat es der Papst immer als einen Mangel empfunden, daß zwischen dem zwölfjährigen Jesus im Tempel und Jesus am Ölberg eine gewaltige Lücke klafft. Nun kennt ja auch das Evangelium eine große Lücke, die Lücke vom zwölfjährigen Jesus bis hin zum 30jährigen Jesus, aber dann kommt eine dichtgefüllte Zeit. Der Papst hat fünf wichtige Ereignisse dieser Epoche herausgegriffen, die ihm besonders betrachtenswert erschienen: Die Taufe Jesu durch Johannes, bei der er sich mit uns Sündern gemein macht und vom himmlischen Vater als „geliebter Sohn" bestätigt wird. Die Hochzeit zu Kana, bei der er mit göttlicher Macht das Wasser in Wein verwandelt. Die Verkündigung vom Reich Gottes, die das ganze Wirken Jesu prägt. Da ist nicht nur die Bergpredigt gemeint, sondern dazu gehören auch die Gleichnisse. Die Verklärung auf dem Berg Tabor, bei der Jesus seine Jünger in den Himmel schauen läßt und auch den Beter mit auf den Berg der Verklärung nimmt. Das Geschenk der Eucharistie, bei dem wir in den Abendmahlsaal genommen werden, um zu bedenken, welch kostbares Vermächtnis Jesus uns in der heiligen Messe und der heiligen Kommunion hinterlassen hat.

Papst Johannes Paul II. hat mit dem lichtreichen Rosenkranz einen neuen Akzent gesetzt. Zwar hat es schon immer Anregungen gegeben, die 15 gewohnten Geheimnisse zu erweitern, aber nie konnten sich solche Formen wirklich durchsetzen und beim gläubigen Volk heimisch werden. Der lichtreiche Rosenkranz hat sich in kürzester Zeit durchsetzen können, weil er die Frucht eines langen Gebetslebens war. Der Papst hat zum Rosenkranz gegriffen bis in seine letzten Tage. Mit Maria wollte er unter dem Kreuz ausharren und mit Jesus sterben, um mit ihm auferstehen zu dürfen. Der tote Papst Johannes Paul II. hält den Rosenkranz in seinen Händen. Gläubigen Christen hat man seit jeher den Rosenkranz mit ins Grab gegeben.

Maria im Sankt Ulrich Verlag

Ludwig Gschwind
MARIA, DICH LIEBEN

„Maria, dich lieben, ist allzeit mein Sinn ..." Ludwig Gschwind führt seine Leser mit der Gottesmutter durch das kirchliche Jahr mit seinen Marienfesten.

Gebunden, 144 Seiten
ISBN 978-386744-021-9

P. Benno Mikocki
Josef Bauer
DER ROSENKRANZ
Rhythmus des Himmels

Die Autoren führen den Leser zum biblischen und historischen Hintergrund sowie in die spirituelle Kraft des weltweit beliebten Gebetes ein.

Gebunden, 176 Seiten
ISBN 978-3-936484-56-4